湛庐 CHEERS

与最聪明的人共同进化

HERE COMES EVERYBODY

[日]本山胜宽 著
苟婉莹 译

好奇心
是学习的
发动机

自力でできる子になる
　　好奇心を伸ばす
子育て

ⓨ 浙江教育出版社·杭州

你会激发孩子对学习的好奇心吗?

扫码加入书架
领取阅读激励

扫码获取全部测试题及答案，
用好奇心驱动孩子爱上学习

- 想要提高学龄前孩子的语言运用能力，父母怎么做更有效？
  A. 帮助孩子练习造句
  B. 提早用识字卡片教孩子认字
  C. 在睡前安排 10 分钟读书给孩子听
  D. 相比图画书，更多地增加孩子接触文字的时间

- 对孩子来说，培养他们好奇心最好的途径是：
  A. 识字书
  B. 大自然
  C. 互联网
  D. 游乐场

- 要想帮助孩子交到朋友，父母以下哪项做法更有效？
  A. 在家给孩子开派对
  B. 给孩子讲交朋友的重要性
  C. 多带孩子去小朋友聚集的场所
  D. 用心观察，帮助孩子和有共同点的小朋友建立关系

扫描左侧二维码查看本书更多测试题

前　言

我们的孩子最欠缺哪种能力？

很多日本中小学生的父母会为了应试而让孩子去上补习班，这样虽然能在孩子的小学和中学阶段提高他们的考试分数和应试能力，但也会让孩子失去学习热情，一旦没有了应试需要，他们就不会再主动学习了。解决孩子这种会应试却并不爱学习的问题，正是当前父母养育的关键。

我有5个孩子：老大是男孩，现在11岁（正在上小学六年级）；老幺也是男孩，刚满2岁；中间的3个女儿分

好奇心是学习的发动机
自力でできる子になる好奇心を伸ばす子育て

别是9岁（上小学四年级）、7岁（上小学一年级）、5岁（还没上小学）。

在大儿子还小的时候，因为我们夫妻俩都是初次为人父母，对孩子的未来充满了担忧，会给他安排各种课外班。但孩子总是跟不上，学习效果并不好。比如，我们曾送他去上幼儿英语课，他去过几次后感到不适应，很快就不去了；在幼儿园里，他也因为不想参加集体活动，总一个人待着，被老师认为"有点问题"……

这些问题出现后，我进行了反思，并做出了改变：我要让孩子做他自己喜欢的事情，并且决定贯彻到底。同时我也与孩子一起享受这个过程。让孩子沉浸在自己喜欢的世界中，兴致勃勃地读书、写作、研究图鉴、做手工，父母在养育过程中也会更快乐。不知不觉间，我就这样快乐地养育了5个孩子。

在这个过程中，我找到了能让孩子产生学习动力的关键，那就是好奇心。更准确地说，是带着好奇心持续自主学习的能力。

前 言　我们的孩子最欠缺哪种能力？

据我观察，日本的孩子普遍不太喜欢物理、数学，也不喜欢看这一类的书。这是因为他们总是被迫学习，所以缺乏探索更多趣事的好奇心。结果，父母和老师付出了无数心血，孩子勉强通过了高考，但到了大学后，真正需要通过自学成长时，孩子却不学了。这样一来，他们的成长就会停滞。

哈佛大学教育研究生院代表了国际教育研究的前沿，聚集了世界各地的教育界领袖和研究人员。我在那里进修时发现，非认知能力虽然无法用具体考试来测定，但其实对学习很重要，而且广受关注。在非认知能力中，日本人特别欠缺的是好奇心。

我曾在日本财团儿童援助组织担任负责人，和同事们一起在日本开设并运营着超过35家"儿童第三居所"[①]，提供各种机会帮助他们增强持续自主学习的能力，培养孩子们的独立精神。值得强调的是，我们并不会根据孩子们

---

① 除了家和学校之外，为学龄前儿童至高中生提供的在放学后可以活动和自习的场所。——编者注

好奇心是学习的发动机
自力でできる子になる好奇心を伸ばす子育て

的家庭条件而对他们区别对待。

在本书中，我总结了以哈佛大学教育研究生院为代表的世界前沿研究机构的养育方法，结合我自己作为5个孩子的父亲在辛苦育儿的过程中获得的感悟，以及我帮助许多其他孩子的经验，提炼出增强孩子的好奇心、使其拥有持续自主学习能力的五大措施。

孩子好奇心的增强无法立即体现在考试分数上，正因如此才一直被忽视。目前，无论是学校还是其他各种教育机构，都没有培养孩子好奇心的既定方法。然而，好奇心如此重要，父母都需要重视这一能力的培养。本书正好可以满足父母这方面的需求。

为了让父母有针对性地养育，本书讲述了如何培养孩子的语文、自然科学、运动、数学和人际交往这5方面的学习能力，分5章讲解，每一章都提供了简单易学、有趣有效的养育技巧。

本书的适用对象是幼儿园和小学阶段的孩子，正好覆

前 言　我们的孩子最欠缺哪种能力？

盖了我自己的 5 个孩子的年龄范围。

读者朋友们可以按本书的编排顺序阅读，也可以从培养孩子的兴趣或克服孩子的弱点出发，选读你们特别感兴趣的章节。

即使不能在短时间内将这些技巧全部付诸实践，也请你至少试试其中几个。父母一定要真切地看到孩子对学习充满好奇心、充满动力的样子，这样才会理解"好奇心是学习的发动机"这句话的真谛，从而将孩子培养成持续自主学习者。

目 录

前言　我们的孩子最欠缺哪种能力？

引言　**拥有好奇心比积累知识更关键**　001

01　好奇心带来持续自主学习　002
02　我考上东京大学和哈佛大学的原动力　004
03　顶尖学府为什么最看重好奇心　008
04　好奇的种子会结出果实　013

好奇心是学习的发动机
自力でできる子になる好奇心を伸ばす子育て

第 1 章　将孩子培养成喜欢语文、　　　　　017
富有理解力与表现力的人

01　好奇让阅读像吃饭一样自然而然　　018
02　玩一玩双关和字谜游戏　　021
03　睡前 10 分钟给孩子读故事　　026
04　让孩子沉浸在漫画阅读中　　029
05　通过写信与孩子沟通日常　　034
06　鼓励孩子制作迷你绘本　　037
07　与孩子一起去书店寻宝　　041
08　让孩子读一读父母写的文字　　044
09　运用丰富的词语和孩子交流　　046

第 2 章　将孩子培养成喜欢大自然、　　　　　051
有观察力与专注力的人

01　让大自然成为孩子最好的教材　　052
02　在大自然中培养孩子的专注力　　056
03　带孩子体验发现虫子的快乐　　058

04	带孩子研究钓小龙虾的战术	062
05	和孩子上网研究生物知识	066
06	与孩子一起养虫子	069
07	教孩子做小动物观察笔记	074
08	鼓励孩子表现他的好奇心	080
09	激发孩子探索世界的奥秘	084
10	瑞典"林中教室"的魔法	087

第3章　将孩子培养成热爱运动、充满自信和干劲的人　091

01	让孩子在户外自由运动	092
02	在各种各样的公园里冒险	095
03	在亲子体操中与孩子碰撞交流	098
04	带孩子感受他的身体机能	104
05	在小磕小碰中锻炼孩子的回弹力	109
06	和孩子一起享受学习技能带来的成长	112

好奇心是学习的发动机
自力でできる子になる好奇心を伸ばす子育て

第 4 章	将孩子培养成喜欢数学、 逻辑思维能力强的人	117

01	为什么很多日本人都讨厌数学	118
02	比一比，带孩子建立量化意识	120
03	让孩子按照自己的喜好搭建积木	123
04	传授孩子玩桌游的策略	128
05	和孩子一起记录他的成长数据	132
06	探索放大镜、显微镜、万花尺的神奇	135
07	引导孩子通过学习类漫画爱上数学	139

第 5 章	将孩子培养成拥有良好人际关系、 擅长交流的人	143

01	决定未来的非认知能力	144
02	为孩子营造专属的"安全基地"	147
03	帮孩子认识他的个性	151
04	将自己的社交技巧传授给孩子	156
05	带孩子发现他的优势	160

目 录

06 通过玩模仿游戏提高孩子的交流能力 163
07 教孩子对身边的人说"谢谢" 167
08 与孩子一起看感人的电影 171

后记 **请将本书内容付诸实践** 177

好奇心是学习的发动机

引 言

拥有好奇心比积累知识更关键

01

好奇心带来持续自主学习

当初生的婴儿从母亲肚子里的漆黑世界来到明亮、开阔、新鲜的世界时,他们会像海绵吸水一样,兴致勃勃地汲取各种新知识。人天生就有的好奇心,或许正是上天赐予我们的礼物。

我曾在哈佛大学从事教育研究,在国际化的非营利机构日本财团进行国内外的教育实践,此外,我还是5个孩子的父亲。在养育理论的积累与实践的过程中,我深切地感受到,随着时代的急速变化,未来社会最需要的能力是好奇心。这是因为在这个瞬息万变的时代,知识会迅速更新,所以积累再多知识,也比不上拥有持续学习的能力,后者才是在变化的时代中生存下去的必要条件。而好奇心则是学习的发动机。

要在新时代中生存和发展,就要具备与之相适应的能力。这并不是说只要培养孩子使用新的互联网工具的能力就够了,而是要培养和发展孩子天生就有的好奇心,让他们能够自由地振翅高飞,在任何领域翱翔。

在本书中,我会用 5 章,从 5 个角度讲解如何培养孩子的好奇心:语文、自然科学、运动、数学和人际交往。我会介绍一些具体方法,让孩子在好奇心的驱使下持续自主学习。如果父母在养育中有些焦虑,那就更要翻开本书,试一试书中的方法。

02
我考上东京大学和哈佛大学的原动力

我从小学到高中一直在公立学校读书，从来没有上过补习班。记忆中，父母没有强迫过我学习。10岁之前，我完全是被"放养"的，每天悠闲自在地和朋友们一起到处玩。

我会把在户外发现的锹甲带回家，养在虫箱里，再结合图鉴上的知识来研究它；我会计算我支持的日本职业棒球队中日龙队选手的打击率和防御率；我会练习漫画《灌篮高手》中的篮球技术，钻研怎样才能把篮球打得更好。因为家里没有电子游戏机，所以我每天都在琢磨能去哪里找些有趣的事来做。

虽然每天都在笨拙地探索，但我一直做着自己在意的、感兴趣的、喜欢的事情。

引 言　拥有好奇心比积累知识更关键

在我 10 岁那年,母亲患了癌症。更不幸的是,在我 12 岁的时候,她永远地离开了我。从那时起,我开始思考"人为什么会死""在有限的时间内,生命的意义是什么"这类问题。

在我上高中的时候,父亲又因从事慈善事业去了国外,我只能靠打零工来养活自己和妹妹,有时连电费、燃气费都交不起。我经常想不通为什么家里会陷入如此的困境,也很担忧自己的未来。我每天都要打工赚生活费。当时的我甚至会质疑,为什么人必须学习。

有个偶然的机会,我与朋友、学长一起到全国各地去露营。在北海道见到漫天的繁星和壮美的晚霞时,我深深地陶醉了,脑海中接二连三地涌现出有意思的问题,诸如"数十亿年前发射出的遥远星光,为什么会在这一瞬间到达我的眼前?""宇宙有尽头吗,它又是什么时候诞生的?""傍晚太阳落山时,为什么原本蓝色的天空会被染成红色?"从此,我的好奇心赶也赶不走。

为了满足这些好奇心,我开始去图书馆找答案,从天

好奇心是学习的发动机
自力でできる子になる好奇心を伸ばす子育て

文书、物理书到哲学书,甚至《龙马风云录》①这类历史小说,我都会翻阅。

露营的经历让我对天文和物理产生了兴趣。同时,我还有一种模糊但强烈的想法:我要像明治维新中的仁人志士那样,成为变革社会的先锋人物。于是,我立下了"要上东京大学"这样明确的目标。那是即将升入高三之前的春天,从那以后,我开始疯狂地学习。

我认为,不任人摆布是一种能力。一个人不能被别人驱使着做事,而要从自己的好奇心出发,去观察世界,用心生活。或许,在别人看来,我们走得慢了一些,但正是日积月累地学习带来了稳步成长,给予了我们持续成长的力量。

我的幸运在于,父母没有把我的好奇心扼杀在萌芽状态,此外,我也知道如何将好奇心转化成学习的动力。虽

---

① 《龙马风云录》是日本的一部长篇历史小说,基于明治维新的诸多真实事件写成。——译者注

引 言　拥有好奇心比积累知识更关键

然家里没钱让我上补习班,但我通过一年的努力考上了东京大学。后来,即便英语不太好,我还是成功走出日本,去了哈佛大学。推动我学业进步的原动力正是好奇心。**好奇心是学习的发动机,它源自人的内心**。好奇心一旦被激发,就会产生无法阻挡的学习动力。是把发动机装在自己体内,还是由他人推着才能向前走,这两种人生将有天壤之别。小时候,如果一切都由教育机构安排好了,我们就很难意识到自己正在任人摆布。长大后,即使被别人推着走,我们也意识不到了。

03

顶尖学府为什么最看重好奇心

在哈佛大学留学时,我发现,包括东京大学在内的日本学校教学普遍在教授知识和方法,而哈佛大学更注重问"为什么"。哈佛大学在录取学生时会问:"你为什么想在哈佛大学研究××课题?""你是在什么背景下意识到这个问题的?""你将来想做什么?"是否真诚地回复这些问题,决定了你能否被录取。即使在入学后,你也会经常被问到这些问题。

在哈佛大学留学期间,我读到了知名学者托马斯·弗里德曼(Thomas Friedman)的经济学著作《世界是平的》(*The World is Flat*)。在此书中,作者提出了一些新时代的学习方法,他还持有这种观点:

> 任何怀着热情和好奇心的人,不管是现在还是将来都将具有很大的优势。在趋于扁平化的世

引 言　拥有好奇心比积累知识更关键

界中，工作、成就、研究领域、兴趣爱好使热情和好奇心变得更加重要。因为在扁平化的世界中，有许多工具可以不断激发人们的好奇心，拓展人们思想的深度与广度。在这样的社会中，智力商数（IQ）固然重要，但好奇心商数（CQ）和热情商数（PQ）的意义更重大。

满怀热情和好奇心的孩子会充满干劲地主动学习，也总能掌握学习方法。而且，这个既能上传也能下载的扁平化的互联网世界，也更容易让他们的好奇心得到满足。总之，努力很重要，好奇心更重要，孩子的好奇心越强，学习往往就越努力。

如此见解是弗里德曼在 2005 年提出的，近 20 年过去了，事实证明确实如此。

从全球企业在这 30 多年的市值排名来看，时代已然发生了巨大的变化。1988 年，日本企业包揽了全球企业市值前 5 名，它们分别是日本电报电话公司、日本兴业银行、日本住友银行、日本富士银行、日本第一劝业银行。

好奇心是学习的发动机
自力でできる子になる好奇心を伸ばす子育て

在全球企业市值前 10 名中，日本企业占了 7 个。但到了 2020 年，日本企业的身影从全球企业市值的前 10 名中消失了，排名最前的丰田汽车公司是第 32 名。相反，发展迅速的美国苹果公司、亚马逊公司、Alphabet（谷歌母公司）、微软公司、Facebook 等企业均榜上有名。

1988 年与 2020 年全球企业市值排名对比

排名	1988 年	国家	2020 年	国家
1	日本电报电话公司	日本	苹果公司	美国
2	日本兴业银行	日本	沙特阿拉伯国家石油公司	沙特阿拉伯
3	日本住友银行	日本	亚马逊公司	美国
4	日本富士银行	日本	微软公司	美国
5	日本第一劝业银行	日本	Alphabet	美国
6	IBM	美国	Facebook	美国
7	三菱 UFJ 银行	日本	阿里巴巴集团	中国
8	埃克森美孚公司	美国	腾讯公司	中国
9	东京电力公司	日本	伯克希尔 - 哈撒韦公司	美国

引 言　拥有好奇心比积累知识更关键

现在的孩子有更多自学的途径。他们会在视频网站上找喜欢的动画片，用搜索引擎查感兴趣的内容。网络服务公司 Alphabet 的人力资源开发部部长朱迪·B. 吉尔伯特（Jady B. Gilbert）曾说过：

聪明当然很重要，但好奇心更重要。在谷歌取得成功的人，性格中都有一些特质，比如：会立即采取行动，发现东西损坏了就马上修理。发现问题的能力当然重要，但不要只会抱怨问题，等着别人解决，而要经常问自己应该如何改进。再比如，善于在合作中学习。对那些能意识到周围人有不同的专长，并有能力向他们学习的人，我们会给予高度评价。

在《重新定义公司》（How Google Works）一书中，谷歌前董事长埃里克·施密特（Eric Schmidt）强调，他希望公司招聘到的员工是"学习型动物"："谷歌想招聘的，是能坐过山车的人，也就是不断学习的人。这些'学习型动物'既有能力面对巨大的变化，也能享受其中。"

好奇心是学习的发动机
自力でできる子になる好奇心を伸ばす子育て

亚马逊公司校园招聘总监米里亚姆·帕克（Miriam Park）在接受美国消费者新闻与商业频道的采访时称，他们希望招聘"保持持续好奇心"的人："亚马逊就像创业公司一样，一直在不断探索新的想法，并欢迎员工的各种创新。"

无论是世界知名学者，还是全球领先的成长型企业，都在强调好奇心比知识和智商更重要。为了适应当今时代的变化，日本父母应该调整教育关注点，竭尽全力地增强孩子的好奇心，将孩子培养成拥有持续学习能力的人。

04
好奇的种子会结出果实

日本的孩子应该都知道"猴蟹大战"的故事。故事一开始,是猴子想用柿子种子换螃蟹的饭团,它告诉螃蟹,只要把柿子种子种到土里,就会收获许多柿子果实。螃蟹动心了,用饭团换取了柿子种子,并种下了种子,柿子树一天天长大,果然结了许多果实。

在此忽略故事后面猴子与螃蟹斗争的情节,我更想关注柿子种子和饭团这两样东西。饭团很诱人并立刻能吃,柿子种子则既不诱人又不能吃。然而,随着时间的推移,柿子种子可以结出越来越多的柿子果实。

我们可以把饭团理解成知识或是立即就能使用的技能,把柿子种子看作好奇心。在某些时候,也许前者很快就能发挥作用,但会因为时间或环境的变化而不再有用,也不能继续产生任何价值。

好奇心是学习的发动机
自力でできる子になる好奇心を伸ばす子育て

　　而好奇心的效果与柿子种子差不多，它虽然不能让孩子的考试分数立即提高，也不能让孩子快速获得某些证书，但是孩子在其驱使下会持续自主学习，不断成长，假以时日必定会有更多收获。

　　饭团到手即可食用，但柿子种子的价值并不这样显而易见，所以家庭教育和学校教育都对好奇心不太重视。

　　但是，正如"授人以鱼，不如授人以渔"，帮人时不能只给资金或物品，更要教对方方法和技巧。我还想将这句话再拓展一下，不能只教对方如何钓鱼，更要培养对鱼的好奇心。如果对方不知道鱼的价值，即便掌握了钓鱼的方法，也不想去钓。

　　如果一个人知道鱼的有趣知识，知道如何将鱼做得美味，并且知道各种鱼的经济价值，那么他必定会迫切地想自己钓上几条鱼来。孩子的学习也是同样的道理。

　　好奇心就像一颗小得看不见的树种，随着时间的推移，它会长成一棵大树，结出许多果实。培养好奇心就是

引 言　拥有好奇心比积累知识更关键

在孩子的心田播撒种子的过程。

伦敦大学金史密斯学院的索菲·冯·斯顿姆（Sophie von Stumm）以5万名学生为研究对象，通过200项研究数据发现，求知欲与勤奋程度一样，对学习成绩有着至关重要的影响。正如《好奇心》（Curious）一书的作者伊恩·莱斯利（Lan Leslie）公布的关于好奇心的最新研究结果：好奇心差距会影响人与人之间的社会差距和经济差距。

总而言之，无论是从提升学习能力的角度，还是从适应时代环境变化的角度，好奇心都是非常重要的力量。接下来，让我们了解培养孩子各方面好奇心的具体方法吧！

好奇心是学习的发动机

第 **1** 章

将孩子培养成喜欢语文、富有理解力与表现力的人

01
好奇让阅读像吃饭一样自然而然

语文是所有学科的基础,影响日常的一切活动。然而,在日本,喜欢语文、热爱阅读和写作的孩子非常少。明明我们从小就使用语言,在学校里也花了很多时间学习语文,为什么孩子对语文的兴趣会随着年龄的增长变淡呢?

2019 年日本的公益社团法人全国学校图书馆协议会第 65 次调查显示,一个月不读一本课外书的人群比例,小学生是 6.8%,初中生是 12.5%,而高中生竟然高达 55.3%。这说明,日本孩子上学越久,就越不想读书。90% 以上的小学生尚且每个月都会读几本课外书,而每两个高中生里就有一人每个月一本课外书都不读。

大学生的情况也差不多。根据 2019 年日本的全国大学生活协同组合联合会第 54 次调查显示,每天读课外书

第 1 章　将孩子培养成喜欢语文、富有理解力与表现力的人

时间为零的大学生占 48.1%。这说明，日本大约每两个大学生中，就有一人完全不读课外书。

为什么日本孩子逐渐不读书了？

我的情况恰恰相反。上小学时，我没读多少书，只是认真看过"日本的历史"系列漫画，记住了漫画人物的相貌和语言。上高中时，我已经培养了对历史的兴趣，在好奇心的驱动下，再加上某些契机，我爱上了读书。成为大学生之后，我到处找书看，甚至被人称作"书虫"。现在的我已经进入社会，仍然在大量阅读各种书籍，成为写作者之后更是如此。

我没有因为上学越久就越不想读书，随着年龄的增长，我对世界的好奇心反而越来越深、越来越广，对书的热爱与渴望也在不断增强。

以好奇为人生重心时，我们自然会想阅读，就像饿了会想吃饭一样。而且，我们也会像享用美食那样，在阅读中获得喜悦和满足感，吸收知识的营养并进一步成长。

好奇心是学习的发动机
自力でできる子になる好奇心を伸ばす子育て

可是,日本很多孩子受学校的教育越多,越会被扼杀对语言文字的好奇心,也越不爱读书了,父母要怎么做才好呢?

本章将介绍一些帮助孩子对语言文字产生兴趣的方法,父母只要在日常生活中付诸实践,就能让孩子将阅读当作像吃饭一样自然的事。

02
玩一玩双关和字谜游戏

重视阅读并不是要让孩子马上去读深奥的大部头书。孩子只有对书里的内容有强烈的好奇心,再加上消化阅读内容所必需的词汇量和理解能力,他才能读完并读懂一本书。

让孩子查字典、听写词语、练习造句是提高词汇运用能力的方法,但是在日常生活中用有趣的方式练习,更有助于孩子词汇量的增加。

我在日常生活中经常和孩子们玩双关游戏。比如,带孩子们唱一唱《说双关的是谁?》[1]这类的儿童歌曲。再比如,故意说一些有趣的双关语:"打酱油去?是小勇

---

[1]《说双关的是谁?》是由谷口国博、佐藤弘道创作的儿童歌曲,歌词中有许多双关语。——译者注

好奇心是学习的发动机
自力でできる子になる好奇心を伸ばす子育て

啊！"①"4 000日元太贵了吧，晋作？"②"今天晚上吃魔芋？"③等等。

一旦父母开始说双关语，孩子也会以双关语回应。这样一来，在快乐的游戏中，孩子就会将不同语境中的相似说法连接起来，可以说是一项很锻炼智力的思维运动。如果能想出新的双关语，孩子也会很有成就感。

除此之外，我还经常和孩子玩字谜游戏。让孩子在游戏中学到上一辈常用的词汇。

字谜游戏有很多种，我特别推荐脑筋急转弯式的字谜游戏。比如：

提问：名字里有面包，却不能吃的东西是什么？

---

① "酱油"与"小勇"在日语中的发音相同。——译者注
② 日语中的"太贵了"又有"高杉"的意思，与"晋作"连起来说即"高杉晋作"，他是日本幕末时代著名的政治家、军事家。——译者注
③ "魔芋"与"今天晚上"在日语中的发音较为相近。——译者注

第 1 章　将孩子培养成喜欢语文、富有理解力与表现力的人

　　回答：长柄平底锅。①

　　又如：

　　提问：爸爸讨厌吃什么水果？
　　回答：番木瓜。②

　　像这样的字谜游戏，可以先由父母出题孩子回答，之后孩子也会想自己出题。比起回答问题，主动出题更能锻炼孩子的语言运用能力。

　　亲子之间反复进行这种像棒球训练中"投接球"一样的语言游戏，能够激发孩子对语言文字的好奇心，还能够锻炼他们的表达能力和复述能力。

　　我从事过宣传工作，自身又是作家、博主，深知表达能力和复述能力的重要性。想让自己说的话既简单易懂，

---
① "长柄平底锅"的日语发音中含有"面包"的发音。——译者注
② "番木瓜"与"爸爸讨厌"的日语发音相似。——译者注

好奇心是学习的发动机
自力でできる子になる好奇心を伸ばす子育て

又能给别人留下深刻的印象，需要刻意练习，而双关、字谜这些看起来只是消遣的游戏，实际上非常适合训练孩子的语言运用能力。

父母出字谜，
孩子来猜，
试试看！

我曾与哈佛大学毕业的喜剧演员帕特里克·哈伦（Patrick Harlan）进行过一次谈话，他的表达能力和沟通能力都很强，能在谈话中自如运用文字游戏和笑话，让谈话过程轻松愉悦。

第 1 章　将孩子培养成喜欢语文、富有理解力与表现力的人

哈伦说，他在单亲家庭中长大，为了让辛苦的母亲多笑笑，他经常讲一些双关语笑话。这样一来，除了母亲会笑，他自己也很开心，并意识到了让人笑的重要性。现在哈伦已为人父，当他的孩子说出双关语时，他也会大笑着和孩子们一起探索语言的趣味。

双关和字谜游戏可以提高孩子的语言运用能力和想象力，请父母一定要试一试。

> **养育技巧**　父母与孩子轮流说双关语、猜字谜，能在愉快玩耍中培养孩子对语文的好奇心。

03

睡前 10 分钟给孩子读故事

我每天晚上的任务是带孩子们吃饭、刷牙、洗澡,并在睡前给他们读故事。

我的几个孩子在 2～6 岁的年纪特别痴迷于听故事。他们总会从书架上拿三五册绘本,缠着我读给他们听。

我经常给孩子们读的绘本有《穿靴子的猫》《开花老爷爷》《聪明的一休》《长腿叔叔》等,还会读海伦·凯勒、南丁格尔等名人的传记,我也常常在阅读中被启发和触动。

虽然我出身于贫寒之家,但早逝的母亲生前为我们兄弟姐妹读故事的画面,深深地留在了我的记忆中。我的兄弟姐妹不少,母亲的两侧通常依偎着我的大哥和妹妹,而我大多数时候会占据母亲头顶上方这个特殊的位置。母亲

第 1 章　将孩子培养成喜欢语文、富有理解力与表现力的人

生前的札记中写道："临睡前为孩子们读书，真是幸福时光。"我们母子有着一样的感受，度过了一样的幸福时光。

像我小时候那样，临睡前盖着被子，和父母一起在轻松的氛围中阅读，这样的场景非常美妙。父母和孩子紧紧挨在一起，让人觉得通过体温也能交流。

芬兰在国际学生评估项目（PISA）[①] 中长期名列前茅，而为幼儿读书是芬兰的传统。在芬兰语中，经常用"阅读"这个词代指学习。很明显，对芬兰人来说，阅读是学习的基础。

我建议父母在睡前安排 10 分钟读书给孩子听。既不用花太多钱，又很容易做到，可以说是轻松高效的教育方法。

读故事给孩子听，不但能提高孩子的语言运用能力，

[①] 国际学生评估项目是由经济合作与发展组织举办的大型国际性教育成果比较、监控项目。主要通过测评考察全球 15 岁学生的阅读、数学和科学素养。——编者注

好奇心是学习的发动机
自力でできる子になる好奇心を伸ばす子育て

　　而且会让父母与孩子明白"虽然我们每天都要为生活奔忙，但人生总还有更重要的事情"。亲子互动能加深亲子间的羁绊。对孩子来说，这种亲子间的羁绊是心灵的依托，能让他们有安全感，无论他们面临着何种挑战，经历了何种失败，都能回到心灵家园。同样，对父母而言，亲子互动也是一个机会，让为人父母的慈爱之心生发，并能让父母反思他们自己在忙碌中经常遗忘的重要之事。

> **养育技巧** 父母试试在睡前安排 10 分钟给孩子读故事吧！

04
让孩子沉浸在漫画阅读中

培养阅读好奇心的重要方法之一是创造沉浸式体验。

"真的很好奇啊,迫不及待地想看下一页。""一刻也不想休息,只想一直看下去。"如果孩子在阅读中能如此全神贯注,这意味着好奇心已经成为发动机,让孩子有了沉浸式体验。

用心理学术语来说,这是进入了心流(flow)状态。用更通俗的话来说,就是忘记了时间,进入了沉浸状态。沉浸式阅读就跟运动员夜以继日地投入训练,或者孩子废寝忘食地玩电子游戏差不多。

要增强孩子对阅读的好奇心,拥有沉浸式阅读体验,操作门槛低、效果又显著的一个方法就是让他们爱上漫画。

好奇心是学习的发动机
自力でできる子になる好奇心を伸ばす子育て

漫画不仅通俗易懂、轻松有趣,还会让孩子愿意主动看图、读字。孩子可以按照自己的节奏阅读,根据意愿决定阅读时间。所以漫画很适合作为引导孩子沉浸式阅读的一种媒介。

说说我自己的经历吧。我小的时候没有游戏机玩,但家里有各种各样的学习类漫画。在小学低年级,我会读一些名人的短篇故事合集,后面渐渐开始读篇幅更长、情节更为复杂的漫画版"日本的历史"系列中的《日本的历史·人物卷》。读到战国时代①等我颇为喜欢的几卷时,我会反复阅读。

深受学习类漫画影响的不止我一人。根据《统领家族》②2012年12月号特刊《184名东京大学学生父母的面孔》中的调查,有46.7%的东京大学学生读过学习类漫画,而同一年龄层的日本年轻人读过学习类漫画的比例是23.3%。这说明,东京大学几乎有一半学生都看过学习

---

① 日本的战国时代是指日本室町幕府后期到安土桃山时代。——编者注
② 《统领家族》是日本精英教育杂志。——译者注

第 1 章　将孩子培养成喜欢语文、富有理解力与表现力的人

类漫画，近乎同龄人的两倍。

著有《高分读书法》《东京大学作文》等畅销书的西冈一诚也曾说过，当他问东京大学学生小时候看过什么书时，许多人都提到了"日本的历史"系列等学习类漫画，喜欢其他类型漫画的人也很多。

大概在我上小学五年级的时候，哥哥买了漫画《灌篮高手》带回家，我读后便爱上了篮球，一有休息时间，要么去打篮球，要么就废寝忘食地看《灌篮高手》。

说实话，从小学到中学，虽然我既不喜欢也不擅长读书，但我非常喜欢看漫画，无论是学习类漫画，还是其他类型的漫画，我都喜欢看。

从培养好奇心角度看，即便孩子的阶段性学习成绩不怎么好，父母也不必焦虑，因为对漫画着迷已经会让孩子多次经历沉浸式的阅读体验。

我是从高中一年级开始喜欢上读书的。我爱读漫画

好奇心是学习的发动机
自力でできる子になる好奇心を伸ばす子育て

《喂！龙马》，和坂本龙马[①]一起在幕末时代流连忘返。后来，我在图书馆发现了长篇小说《龙马风云录》，读得废寝忘食。读完一卷，我马上就去借下一卷，最后读完了我人生中的第一部长篇小说。

这种痴迷的状态，是书带给我的最美妙的体验，也是我人生的转折点，让我在高中时变得热爱读书，上大学时变成了"书虫"，进入社会后更是著书立说。

正因为我有着这样的经历，所以我也经常给孩子们读漫画。

我的大女儿8岁时特别痴迷四格漫画《仓鼠的研究报告》。因为当时她收到了奶奶送的小仓鼠，将它养了起来，并对仓鼠产生了兴趣，我妻子就买了这本漫画送给她。书里描绘了仓鼠的种种可爱形态，大女儿看得入了迷，之前还爱睡懒觉，但为了看漫画，她会早早地起床——好奇心战胜了瞌睡虫。

[①] 日本江户时代末期的志士。——编者注

第 1 章　将孩子培养成喜欢语文、富有理解力与表现力的人

　　我的大儿子喜欢动物，我经常鼓励他看动物图鉴，还给他买了漫画版的《西顿动物记》《深海大作战》等。他在小学低年级经常读这类漫画，现在 11 岁了，非常爱读与动物相关的全文字书。

　　沉浸式阅读漫画的体验可以培养孩子对知识的好奇心，当时机成熟时就会将他们引向全文字书。

养育技巧　利用漫画，让读书成为孩子的快乐体验吧！

05

通过写信与孩子沟通日常

如果让孩子们觉得,阅读写作是我们强加给他们的任务,而不是他们自己想做的事情,那就糟糕了。

我们使用语言文字是为了获得信息,传递消息,分享心情,学习知识,梳理想法,记录事情。然而,现在日本的孩子学习阅读和写作更多是为了考试,与实际生活没有关系。语言文字的生命力消失了,孩子对语言文字的好奇心自然也就消失了。

为了给语言文字注入生命力,我建议父母与孩子可以时常通过写信来交流。

在我家,孩子满 4 岁能识字的时候,我妻子就会在孩子生日当天给他写一封信。即便我们平日里也与孩子聊很多,可孩子收到一封真实的信会更开心。孩子虽然只能

第 1 章　将孩子培养成喜欢语文、富有理解力与表现力的人

磕磕巴巴地读信，脸上却流露出强烈的满足感。等到上了小学，孩子虽然是默默地读信，但同样会流露出高兴的表情。就这样，让语言文字满含生命力，阅读就变成了孩子会主动去做的事。

在信里，父母可以表达对孩子的重视和关心，认可他们的个性、优点和付出的努力，并给予表扬。此外，父母还可以在信里写下日常观察孩子时的惊喜和感动。

孩子写信给父母也是他们提高读写能力的好机会。在母亲的生日或者母亲节等重要时刻，父亲要督促孩子写信给母亲；而在父亲的生日或者父亲节时，母亲也要提醒孩子写信给父亲，帮助孩子养成写信的习惯。养成习惯后，孩子就会主动写信表达和沟通。即便是"我爱你""感谢你"这样简单的句子，都会让父母感到激动和欣慰。看到父母给予的正向回应，孩子也会感受到写信带来的快乐。

教育家亲野智可等在他的养育类图书《做最好的父母》中，也强烈建议父母与孩子通过写信交流。比如，在母亲生日那天，孩子和父亲一起为她写一张生日卡；在父

035

好奇心是学习的发动机
自力でできる子になる好奇心を伸ばす子育て

亲的便当里,放一封母亲和孩子合写的信;父母写下观看孩子运动会后的感想,再把信交给孩子;在孩子参加毕业典礼当天等有意义的日子里,父母给孩子写信。即便孩子没有立即回应,他对父母的爱和信赖感也会增强。

亲野先生写道,在他当老师的时候,发现班里有个学生的写作水平远超其他人。原来,那位学生的父亲下班很晚,父子之间没有时间聊天,于是他们就通过亲子日记交流。父亲的回信总是让孩子很开心,孩子每天也都怀着期待的心情写信,自然而然地就提高了写作能力。

通过写信进行日常交流,会让孩子意识到语言文字与自己的生活密切相关,孩子就会有强烈的动机研究和运用语言文字。

> **养育技巧**：父母与孩子互相写信吧!让阅读和写作成为孩子的日常生活。

06

鼓励孩子制作迷你绘本

培养孩子的语言运用能力，不仅要通过阅读等方式输入，还要通过一些创造性的方式输出。

制作绘本就是一种通过让孩子自由表达来输出的方法。

我上初中的时候，曾将《杰克和豌豆》的童话故事与雷神降雨的故事相结合，自制了一本主题为天降甘霖的绘本。那是我第一次创作一本书，所收获的满足感是与在考试中获得高分完全不能比的。那个时候，我就在想，自己写的书什么时候能够真正摆在书店里呢？

对孩子来说，绘画是快乐的事。如果能任凭想象去画自己喜欢的东西就更是如此。有的孩子不擅长甚至讨厌写作，其中以写读后感为最甚。但是，如果让孩子搭配图画

好奇心是学习的发动机
自力でできる子になる好奇心を伸ばす子育て

写一些文字，难度就会变小。孩子在绘画时会想象一些情节，把这些情节写出来就是在创作。绘画刺激了孩子的想象力，生动的语言自然而然地就会涌现。

即使孩子写出的句子很简单，但图片会起到辅助表达的作用，图文搭配能组成含义丰富的作品。"我竟然也能自己制作绘本了！"这将给孩子带来成就感与满足感。

由御茶水女子大学儿童发展教育研究中心出版的《幼儿教育手册》中提出，吸引孩子对文学产生兴趣的活动之一便是制作绘本——由孩子构思故事，画在纸稿上，老师帮忙配上文字。这项活动不需要孩子做得多好，关键是要培养孩子对语言文字的兴趣。

我经常鼓励5岁的小女儿画画，也会稍微提供帮助，为她的画配上文字，做成绘本。对于我11岁和9岁的大孩子，我只要准备好纸笔，让他们自己绘图并配上文字。每次完成作品后，他们都非常高兴。

我11岁的儿子会以他最喜欢的龙虾为主人公编故事；

第 1 章　将孩子培养成喜欢语文、富有理解力与表现力的人

我 5 岁的小女儿会制作《小猫和大熊》这样的简单绘本，而且已经做得像模像样了。父母和孩子一起制作独一无二的绘本，可以激发孩子的创造力、想象力、表现力，以及对语言文字的好奇心。

于是，我办了一个亲子绘本制作培训班，参加的孩子都对制作自己的原创绘本乐此不疲。

\ 在孩子创作时，
　父母可以在一旁提供帮助。/

好奇心是学习的发动机
自力でできる子になる好奇心を伸ばす子育て

　　2019 年 10 月,我出版了《大象先生与绘本制作》一书,帮助父母学习如何带孩子做绘本。比如,父母可以鼓励孩子进行角色和场景设定,创造有个性的人物,思考故事的起承转合,等等。希望更多的家庭都能实践起来。

　　当父母将孩子自制的绘本放在书架上,孩子会觉得自己制作的绘本竟和真正的书摆在了一起,并因此增强了自信心。

> **养育技巧** 和孩子一起制作原创绘本,培养他们对语言文字的好奇心吧!

07

与孩子一起去书店寻宝

让孩子对语言文字产生好奇只是第一步,最终目的是让孩子喜欢阅读。如果孩子能够通过语言文字去理解和体味书中建构的世界,并想继续往下读,就是在主动学习和吸收知识。

但有数据显示,在日本,不爱读书的孩子有很多,让孩子爱上读书并不是一件简单的事。我们前文所举的那些激发和培养孩子阅读好奇心的方法,都能让孩子在自然的状态下快乐地阅读。孩子在阅读中拥有大量快乐的体验,才会愿意持续阅读。

父母还可以观察孩子对什么类型的书感兴趣,并带他去书店,让孩子挑选出与他兴趣一致且易读的书。刚开始,孩子选书的能力有限,所以父母要帮孩子选,并把书作为礼物送给孩子,放在他的书架上。

好奇心是学习的发动机
自力でできる子になる好奇心を伸ばす子育て

请注意，父母不要找自己想让孩子看的书，而要找孩子真正想看的书。比如，我会把《多摩川》(山崎充哲著)、《鱼君的一鱼一会》(鱼君著)、《"这是什么？"生物图鉴》(佐佐木洋著)等书作为礼物，送给喜欢小动物的大儿子。

之所以买《鱼君的一鱼一会》这本书，是因为我看到东京海洋大学的客座教授鱼君在电视里讲解鱼类知识时，大儿子痴迷地盯着电视看。在大儿子参加自然科学家佐佐木洋的野生动物搜寻研讨会后，我马上买了佐佐木洋的书送给他。

再比如，我的大女儿喜欢仓鼠，痴迷于漫画《仓鼠的研究报告》，我就买了一本《快乐仓鼠饲养指南》送给她。不是只有故事书才能吸引孩子阅读，引导孩子阅读科普书可以让他亲身体验到书中有用、有趣的知识。

我和妻子经常和孩子们一起去书店。孩子们一到书店的童书区，就会捧着书站在那里读，我每次都会买下他们真正想读的书。

第 1 章 将孩子培养成喜欢语文、富有理解力与表现力的人

　　这就像是在书店寻宝，与在小卖部买零食、在玩具店买玩具一样。孩子挑选自己喜欢的、感兴趣的、想读的书，体会到发现宝藏的快乐，自然会对自己选的书爱意满满。

　　无论是父母为孩子挑选书，还是让孩子自己挑选，关键都是父母要创造选书的机会，让孩子遇到能满足他们好奇心的书。

养育技巧　了解孩子的兴趣，买本书当礼物送给他吧！

08
让孩子读一读父母写的文字

小时候，我读过父亲的札记。他在札记中记录了家里的一些琐事。其中给我留下深刻印象的是他与我母亲相遇的故事。我父母都出生在日本大分县①，父亲是杵筑市人，母亲是臼杵市人，所以父亲称他们二人是"杵和臼的结合"，是完美的一对。虽然我经常听父亲这样说，但当他将这些用文字写在札记里，我读的时候还是很感动。

父母可以把自己的想法和兴趣爱好都写成文字，让孩子读一读。这对孩子来说是一种特别的体验。平时，孩子对父母太过熟悉，可能不太愿意听听父母的心里话。但当父母将想法写成文字时，孩子也许就有兴趣看一看了。我就曾在书架上发现了父母的回忆录，并饶有兴致地读了起来。

---

① 日本的"县"是省级行政区划，高于"市"。——译者注

第 1 章　将孩子培养成喜欢语文、富有理解力与表现力的人

因为有过这样的经历，所以我会在家中各处放置与我有关的文字，让孩子们能在不经意间看到。比如，我会把采访我的杂志，或是刊登我作品的杂志放在客厅的桌子上，把我出版的书和孩子们的书摆在同一个书架上，让他们有翻到的机会。其实也不一定非得是书或杂志，在网络社交平台上分享生活时，当我写到和孩子们相关的事情，我也会给他们读一读。

孩子在阅读父母写的文字时，会将写作这件事当成一项社会事务，从而理解语言文字是应用于社会的工具，与每个人息息相关。

养育技巧　**赶紧将自己写的文字展示给孩子看看吧！**

09

运用丰富的词语和孩子交流

美国儿童心理学家贝蒂·哈特（Betty Hart）和托德·里斯利（Todd Risley），追踪观察了 42 个家庭的 9 个月到 3 岁的孩子后发现，由于家庭环境的差异，相比父母失业领低保家庭的孩子，父母都有工作的孩子在 3 岁之前会多听到约 3 000 万个词语。

在这两类家庭中，父母对孩子的回应次数和口头认可次数也有明显差异。而父母的回应和认可越多，孩子的词汇量增长得越快。这说明，家庭语言环境的差别会导致孩子的词汇量有明显的差异。这项研究就是著名的"3 000 万词汇鸿沟"（The 30 Million Word Gap）实验。

在这一研究的基础上，芝加哥大学儿童人工耳蜗项目负责人、儿科教授、社会学学者达娜·萨斯金德（Dana Suskind）在其著作《父母的语言》（Thirty Million Worlds）

第 1 章 将孩子培养成喜欢语文、富有理解力与表现力的人

中提出了"3T 原则"。她认为，为了丰富孩子的语言环境，父母应该做三件事：共情关注（Tune In）、充分交流（Talk More）、轮流谈话（Take Turns）。

共情关注，就是父母要观察孩子在做什么，了解孩子在意的事情。充分交流，就是让孩子充分解释自己的想法和行为。轮流谈话则是指，不能只是父母一方表达，父母要与孩子进行双向互动交流，父母提出"为什么""怎么做"等开放性的问题，让孩子回答。父母将"3T 原则"付诸实践会极大地丰富孩子的语言环境。虽然创设了这样的语言环境，孩子也不能马上熟练地使用语言，但这不仅对正处于大脑发育关键阶段的 3 岁前的孩子极为重要，对 4 岁之后的孩子也会产生积极影响。

因为在孩子 4 岁之后，除了家庭语言环境，托儿所、幼儿园、学校等各种社会场景中的语言环境，都会对孩子产生影响。在这些地方，教育工作者们使用"3T 原则"也能增加孩子的词汇量，培养孩子的语言运用能力。

此外，父母要关心孩子所好奇的事物，并就此与孩子

好奇心是学习的发动机
自力でできる子になる好奇心を伸ばす子育て

展开具体讨论,让亲子交流的内容更加丰富。父母要通过询问"为什么?""那怎么办呢?"之类的问题,鼓励孩子思考,进一步激发他们的好奇心。父母与孩子之间的这种词汇丰富的对话,为孩子语言运用能力和好奇心的发展奠定了基础。

> **养育技巧** 父母与孩子对话的质与量,都会对孩子的语言运用能力产生很大的影响。

第 1 章　将孩子培养成喜欢语文、富有理解力与表现力的人

和孩子一起玩
和孩子玩交换书信的游戏吧！

父母给孩子写信

时机　孩子的生日 / 升学日 / 新年 / 暑假 / 发表会[①] / 孩子初次住宿舍时……

内容
- 孩子出生时候的事。
- 表达对孩子的爱。
- 孩子的优点、个性和努力。
- 孩子最近的进步。
- 作为父母，将永远支持孩子。
- ……

孩子给父母写信

时机　父母的生日 / 升学日 / 新年 / 暑假 / 发表会 / 自己初次住宿舍时……

内容
- 和父母一起选购信纸，酝酿写信的想法。
- 感谢父母为自己做的事、父母的优点。
- 自己打算努力做的事情。
- ……

[①] 发表会是日本学校一些课程的期末结课形式，孩子们一整个学期学到的成果都可以在发表会上展示。——编者注

好奇心是学习的发动机

第 2 章
将孩子培养成喜欢大自然、有观察力与专注力的人

01
让大自然成为孩子最好的教材

大自然是培养好奇心最好的教材。一进入大自然的怀抱，孩子就会眼睛放光，欢呼雀跃着去玩各种游戏。大自然中的那些在日常生活中不常见的"刺激"，会唤醒他们的好奇心。

2012年，利洁时日本分公司对400名幼儿园老师和小学老师进行了问卷调查。结果显示，针对"为了培养出好奇心旺盛的孩子，必要的措施是什么？"这一问题，排名第一的回答是"让孩子接触大自然"，有94.2%的老师认为应当如此，紧随其后的回答是"让孩子到室外玩耍"，有87%的老师这样认为。只有5.5%的老师认为，应该"让孩子大量地学习"，显然，这个回答的排名非常靠后。

当被问及目前的教育制度是否能满足孩子好奇心的培

第 2 章　将孩子培养成喜欢大自然、有观察力与专注力的人

养时，82.5% 的老师回答"孩子接触大自然的机会还不够多"，77.3% 的老师回答"还没有足够的条件能让孩子在室外玩耍"。

几乎所有的教育工作者都认为，让孩子接触大自然能培养其好奇心，但他们又觉得目前所做的还远远不够。一方面，随着城市化进程的加快，自然环境资源渐渐变少，这是孩子们与大自然接触不够多的原因之一。另一方面，父母并不知道如何借助大自然培养孩子的好奇心。

瑞典斯德哥尔摩大学和瑞典农业科学大学的一些教授对 275 名不同领域的专业人士进行了问卷调查，这些专业人士分别来自全球 22 个国家的中小学校、环境保护组织、地方政府等 200 多个机构。这项研究列出了儿童在大自然中的收获，按照重要性从高到低排序是：专注力、自驱力、思考力、敬畏心、身体活动、挑战意识、社交能力、创造力、惊奇感。

父母都能感觉到，接触大自然有益于孩子的成长，但

好奇心是学习的发动机
自力でできる子になる好奇心を伸ばす子育て

只有把从大自然中的收获分解成以上的具体要素，我们才会明白，这些收获可以激发孩子的好奇心，引导他们通往真正的学习之路。

专注力、自驱力、思考力是在学习中特别需要的能力。让孩子投入大自然的怀抱，孩子本来就有的这些能力就会被激发出来。

著有经典科普书《寂静的春天》(Silent Spring)的生物学家蕾切尔·卡森（Rachel Carson）非常重视人类因大自然中的神秘、奇异之物而受到震撼的感觉，这种感觉就是惊奇感。她写道：

> 我们所认为的事物的美好，往往都是一种美好的感觉。接触新鲜或未知事物时，我们会有许多不同的感受，如感激、关心、怜悯、赞叹和爱，一旦这些感受被唤醒，我们就会想要更多地了解所关注的事物。对于像这样学到的知识，我们就会牢牢掌握。

第 2 章　将孩子培养成喜欢大自然、有观察力与专注力的人

对孩子来说，大自然是培养他们好奇心的最佳教材。那么，把大自然当作教材来培养孩子的好奇心，需要做哪些具体的实践活动呢？接下来，我们就来看一些具体的方法和例子吧！

02
在大自然中培养孩子的专注力

父母要让孩子在大自然的环境中感到自由、舒适、从容,并让身心随兴趣而动。比如,我小女儿在3岁时有个爱好,一去公园就要捡很多树枝。她会在和哥哥姐姐们一起玩的时候,用捡来的小树枝作道具,假装在露营或野炊。正是因为树枝有这些用途,她一个人的时候也会到处去捡。

这种时候,父母千万不要唠叨"为什么总捡这些东西回来""太危险了,别捡了""快点回来"之类的话,因为此时的孩子正在感受大自然带给他的快乐,孩子远离了电视和电子游戏,正跟随内心涌现的兴趣专注于做某件事。

突然有一天,我这个女儿自己开始读起平假名来。我们都非常吃惊,她的幼儿园老师没有教过平假名,只因为我家有一个玩偶,按下开关,它就会播放平假名的发音。

第 2 章　将孩子培养成喜欢大自然、有观察力与专注力的人

女儿自己反复按开关玩，很自然地就记住了平假名。对女儿来说，这就像沉浸在大自然中收集树枝一样，她对听平假名充满了兴趣，所以就十分投入地反复听。

孩子并不是越早识字越好，而是要培养一种跟随自己的好奇心专注于做某件事的感觉，这种感觉带来的力量，会在孩子以后的人生中发挥作用。实际上，形成这种感觉最有效的方法就是给孩子自由，让他们尽情地专注于自己感兴趣的事，在大自然中放松，变得从容。

即使父母不懂相关的心理专业知识也无妨，把孩子带到大自然中去，在确保他们不会遇到危险的前提下，给予他们足够的时间，孩子就会开始学习专注于做某件事。

> **养育技巧**　让孩子自由与大自然接触，处于萌芽状态的好奇心就会得到激发。

03
带孩子体验发现虫子的快乐

即便是在城市的公园里,只要仔细观察,就能发现各种各样的虫子。蝴蝶、瓢虫、金龟子、知了、蜻蜓、蚂蚁,还有西瓜虫(学名鼠妇),种类多样,形态各异。那些躲在大自然中外观奇特的虫子,对孩子来说就是移动的宝藏。父母和孩子可以怀着寻宝的期待,一起捉虫。

发现虫子时,孩子会喊:"有一只!""找到了!"喜悦和兴奋达到了顶点,这种"发现的快乐"会储存在孩子的大脑中,成为培养好奇心的养分。

需要提醒父母的是,虫子的种类不同,捕捉的难度也不同。如果孩子还小,父母可以在夏天带他寻找蝉蜕。夏天的公园里会有很多蝉蜕,与会爬会飞的虫子不一样,蝉蜕很容易被发现,孩子自己就可以捡到。

第 2 章　将孩子培养成喜欢大自然、有观察力与专注力的人

\ 让孩子体验寻找虫子时的
　 专注和快乐。 /

对害怕虫子的孩子或者父母来说，捡蝉蜕的门槛也比较低。我和女儿们一起收集的蝉蜕已经超过了 100 个。

大一些的孩子可以捉蝉。赤手空拳地捉的难度比较大，可以带上捕虫网，让孩子学习如何使用工具。一开

好奇心是学习的发动机
自力でできる子になる好奇心を伸ばす子育て

始,孩子容易被蝉的"尿遁"① 吓得逃跑,经历几次失败之后,孩子就会有经验了。反复挑战捕蝉,最终成功抓到蝉,这种经历会给孩子带来巨大的成就感以及深刻的成功体验。

蝉分为斑透翅蝉、熊蝉、油蝉、茅蜩等不同种类,形态、叫声也各异。让孩子观察它们的特征,找出它们的区别,是培养孩子求知欲的好办法。

我的孩子上小学一年级时的研究课题是:制作家附近的虫子地图。由父母在纸上画出家附近的地图,孩子在发现虫子的地方贴上对应虫子的照片,再标记上它们的名字和身长。天热的时候,虫子多了起来,孩子就可以制作虫子地图,并向别人介绍不同虫子的区别了。

在其他季节也能找到虫子,比如春天会有西瓜虫。也许很多成年人不喜欢这种虫子,但大多数孩子会觉得,西

---

① 蝉在受到惊扰而逃跑时,为了保护自己会排泄出大量液体。——译者注

第 2 章　将孩子培养成喜欢大自然、有观察力与专注力的人

瓜虫变成一个小球滚来滚去非常有趣。西瓜虫通常生活在石头或朽木之下,在公园里,翻开石头和朽木找找看吧。当孩子喃喃自语着"有吗"后,兴奋地喊出"这里有一只"时,发现的喜悦会成为培养他们好奇心的养分。

> **养育技巧**　喊出"这里有一只"的经历,能够让孩子体验到发现的快乐和成就感。

04

带孩子研究钓小龙虾的战术

寻找和捕捉小动物都需要很多技巧。在做这些事情时,孩子会表现出好奇,同时也会自发地研究怎样才能捉到它们,也就是在思考"战术"。

用捕虫网捕蝉、捕蝴蝶很容易。不过,我们很有必要做一些更费功夫的事,比如钓小龙虾。

我家住在东京涩谷区,步行 5 分钟就能到一个公园,我经常去公园的池塘边钓小龙虾。

起初,我和大儿子一起去那个公园,挑战钓小龙虾。我们大概花了半年时间,试了好多方法都没钓到。但我知道水里有小龙虾,在诱饵上下了一番功夫后,终于钓到了。然而,儿子没有特别高兴,因为不是他自己钓到的。于是我选择了不再插手,让儿子通过自己的尝试钓到小龙

第 2 章　将孩子培养成喜欢大自然、有观察力与专注力的人

虾。最终，在没有借助父母力量的情况下，他成功了。

在那之后，几乎每个周末，儿子都要去公园钓几只小龙虾回家。在那个公园，他渐渐以"小龙虾名人"的身份成名了。不仅仅是孩子，就连附近的大人，甚至外国人，看到他钓了这么多小龙虾，都来询问他是怎么做到的。

儿子已经是"小龙虾名人"了，该如何进一步激发他的好奇心呢，我会在后文中介绍。

沉迷于钓小龙虾的，除了我这个有点另类的儿子，还有现任日本悠绿那株式会社社长的出云充。出云充从东京大学毕业后，从将裸藻应用于食品、化妆品中起家，如今，悠绿那株式会社的年销售额已经超过了 150 亿日元。出云充小时候也很爱钓小龙虾。据说他小时候在非常喜欢的漫画《乌龙派出所》里读到，主人公两津勘吉靠养殖小龙虾发了财，所以自己也想试一试。最开始，他按照漫画中的做法，用鱿鱼干作饵，却什么也没钓上来。后来，他又尝试用草莓大福、铜锣烧、苹果、橘子等各种各样的食物作饵，最后发现奶酪鲑鱼的效果最好。他为了钓小龙

好奇心是学习的发动机
自力でできる子になる好奇心を伸ばす子育て

虾,通过研究战术获得了成功。

在其自传《我决心用裸藻来拯救世界》一书中,出云充说,与《乌龙派出所》里的主人公两津勘吉不同,他不是为养殖小龙虾再卖给高级餐厅赚钱而兴奋,而是为挑战养殖小龙虾这件事本身兴奋不已。他还说:

> 虽然不断经历失败,但从那时候开始,我就对生物及其繁殖充满了浓厚的兴趣。当时我还没有学习生物学知识,不理解生物是通过什么机制繁殖的,但发现了"生物会自行繁殖"这件事令我非常兴奋。

出云充经常在媒体上表示,裸藻得以大批量地成功培育,与他童年时期那些成功的养殖经历是分不开的。

让我们回到钓小龙虾这件事上。只要想钓,没有钓竿也行。把风筝线绑在木棒上,然后在木棒上加上钓饵就可以了。虽然有一定难度,但只要摸索出技巧,就可以轻松地钓到。难度对孩子来说正合适,只要努力就能成功。

第 2 章　将孩子培养成喜欢大自然、有观察力与专注力的人

如果父母觉得钓小龙虾难度有点大，或者家附近没有池塘和小溪，那可以带孩子捕蝴蝶。蝴蝶很漂亮，种类也不少，我家附近的公园里有黑凤蝶、菜粉蝶、斑缘豆粉蝶，等等。因为蝴蝶的飞行动作复杂，用捕虫网也不容易抓到，所以需要开动脑筋。如果仔细观察就会发现，蝴蝶的飞行路线是固定的，孩子可以学到什么是"蝶道"，并想出埋伏在它们的飞行路线上并进行抓捕的战术。

在实际生活中，孩子自发地专注于某件事、研究战术并取得成功，在这个过程中获得的经验，是激发好奇心、培养思考力的关键。

> **养育技巧**　通过钓小龙虾，让孩子体会成功的滋味吧。

05

和孩子上网研究生物知识

对于自己发现或捕捉到的生物,孩子通常都有着强烈的好奇心。等这种好奇心进一步高涨时,我们就要督促他们做更详细的调查、更深一步的研究。

具体来说就是,把发现或捕捉的生物带回家,或者给它们拍照,然后让孩子去探索该生物的相关知识。

父母可以提前在家里准备好各种生物图鉴,比如昆虫图鉴、爬行动物图鉴、植物图鉴,等等。各大出版社出版的图鉴都花了很多心思,图片漂亮又直观。很多图鉴还有配套的影像或视频资源,即便是不识字的幼儿也能看懂。我建议先让幼儿看影像或视频,再看与之配套的图鉴。我的大儿子从两岁起就开始看讲谈社的"Move 图鉴"系列了。

第 2 章　将孩子培养成喜欢大自然、有观察力与专注力的人

对照着生物的实物或照片，让孩子自己在图鉴里找到对应的介绍，识别不同种类的生物的名字和特征。孩子会在图鉴里看到许多相似但略有不同的生物，父母要引导他们发现这些生物之间有哪些不同。

脑科学家、日本东北大学教授泷靖之认为，好奇心强意味着大脑聪明，而图鉴是将虚拟和现实连接起来，提高孩子好奇心的有力工具。在《如何让孩子变得聪明？》一书中，泷靖之说：

> 虚拟和现实的联系能够刺激孩子的好奇心，让他们主动学习。实际上，孩子是意识不到自己在努力学习的，需要父母有意识地推动，通过连接虚拟和现实来增强孩子的好奇心。

如果发现了不常见的物种，图鉴里也没有收录，这时父母要说"我们是不是发现了非常罕见的物种？""这可能是新的物种！"之类的话，点燃孩子的热情，并和孩子一起上网搜索。孩子能够查明自己发现的生物的名称、种类等，也能体验到求知的快乐。

好奇心是学习的发动机
自力でできる子になる好奇心を伸ばす子育て

如果孩子好不容易发现了不常见的生物，一定要让他们通过图鉴或网络查明它的种类，确认其特征。一开始，父母可以和孩子一起来做这件事，养成习惯后，可以让孩子独立查找。这种在好奇心的驱动下锻炼出来的"研究能力"，能够应用在孩子以后的学习和工作中。

大自然中的这些真实存在又能轻松与图鉴对照的生物，可以说是从孩子的好奇心出发，提高他们研究能力最好不过的素材。

> **养育技巧** 让孩子在图鉴里查找他们发现的生物吧，在训练研究能力的同时，还能体验快乐。

06

与孩子一起养虫子

通过养虫子培养孩子好奇心的好处在于,虫子能随着时间的推移而发生变化,持续发挥作用。

抓到虫子后,不要只是短暂观察一下,可以试着长期喂养,这样就能亲眼观察到它在成长中所发生的变化。最容易理解的例子就是,观察虫子从卵变为成虫的过程。

好奇心旺盛的孩子往往容易缺乏耐心。通过长时间持续地将好奇心投注在一个对象上,可以让他们学会持续地带着好奇心去探究。

典型的例子是,我和孩子们花了一年的时间,将独角仙(学名双叉犀金龟)从卵培育为成虫。

我家住在东京涩谷区,家附近的公园里找不到独角仙。但在每年暑假，我们全家一起去自然资源丰富的地方时，都能抓到独角仙或锹甲。

第一年，我们抓到很多漂亮的独角仙养了起来，但雄性独角仙因为打架死了不少，雌性的数量又不足，我们也没有放足够多的培育垫让它们产卵，所以没有孵化出独角仙幼虫。

第二年，我们全家一起提前做了功课，学习了让独角仙繁殖的方法。一方面，要多养一些雌性独角仙；另一方面，要严格挑选出个头大、强壮的雄性，为了防止它们打架，还要分别养在不同的虫箱中，再将雄性和雌性进行配对。为了方便雌性独角仙产卵，还要布置合适的环境，多放一些培育垫。

做完这些之后，到了夏天结束的时候，独角仙成虫虽然死了，却留下了 20 多个卵。

我们小心地将这些卵移到培育垫上，用喷雾器喷水以调节湿度，一段时间后它们就变成了幼虫。而幼虫会排泄

第 2 章　将孩子培养成喜欢大自然、有观察力与专注力的人

很多粪便,所以在培育独角仙的任务中,和孩子们一起清理粪便成了周末的固定活动。

就这样,我们花了一年时间精心培育的独角仙幼虫逐渐长大了,变成了蛹。到了夏天,它们成长为漂亮的独角仙成虫,从虫箱的土里爬了出来。无论是孩子,还是我和妻子,都无法忘怀那一刻的感动。那段时间,我们每天都会怀着期待的心情去偷看虫箱,看独角仙出来了没有。

对孩子们来说,详细观察独角仙从卵到成虫的成长过程,是一段很棒的经历。他们自己花了一年的时间辛苦培育,将好奇心持续地锁定在这件事上,并看到了成果。

以好奇心为发动机,让孩子在一段时间内体验培育和成长,这种经验可以帮助他们对个人发展保持耐心和努力。

还有一个建议,父母可以让孩子记录下重要的时间节点:独角仙成虫产卵的时间,卵成为幼虫的时间,独角仙幼虫从 1 龄幼虫到 2 龄幼虫、3 龄幼虫的时间。孩子可以

好奇心是学习的发动机
自力でできる子になる好奇心を伸ばす子育て

在笔记本中画图并配上文字，如果孩子还不会写字，可以拍照记录。孩子在事后回顾时，也更容易回忆起培育独角仙的过程和独角仙成长的过程，以及切身感受到的成就感。

独角仙的成长，我们一家观察了3年。

有的孩子可能对养虫子没有那么大的兴趣。这种情况下，我建议父母带孩子在家里种一些花草或者蔬菜。

让孩子每天给它们浇水，感受它们从小小的种子到发芽、长出叶子、开花、结果的成长过程。如果种的是蔬菜，全家还可以收获并食用。

我家的花盆里种了小番茄和青椒。养虫子的事由爸爸负责，小菜园就由外婆、妈妈和孩子们一起照顾。

种花草或蔬菜能够让孩子们的好奇心长时间地专注在一件事上，让他们了解培育、感受生命的成长过程，是很棒的实践。当然，最关键的是，父母要鼓励孩子花时间尝

第 2 章　将孩子培养成喜欢大自然、有观察力与专注力的人

试那些他好奇的东西。

让孩子了解培育、体验生命的成长过程！

养育技巧　通过培育动植物，慢慢地培养孩子持续的好奇心吧！

07
教孩子做小动物观察笔记

我的大儿子会把抓到的那些小动物的特征记在笔记本上，还会配上画。他最喜欢的小龙虾自不必说，螳螂、独角仙幼虫、锹甲、鱼等各种各样的小动物，他也都会记录。一开始，他画得不是很好，记录的也只是小动物的名字和种类。后来，慢慢地，他观察到了很多细节，配图也更写实了，记录的特征更是越来越详细。比如，在小学一年级的时候，他参加了自然科学家佐佐木洋在代代木公园里主持的观察会，记了这样的笔记：

我发现的：蟾蜍（它还是个小孩）、青蛙（它也是小孩）、天蛾（一只就够了）、放屁虫①、蛐蛐、蚂蚱、马陆，还有蝉蜕。

我的感想：小动物各不相同的形态、颜色、习性等都是它们独特的生存"策略"。

---

① 即九香虫。——编者注

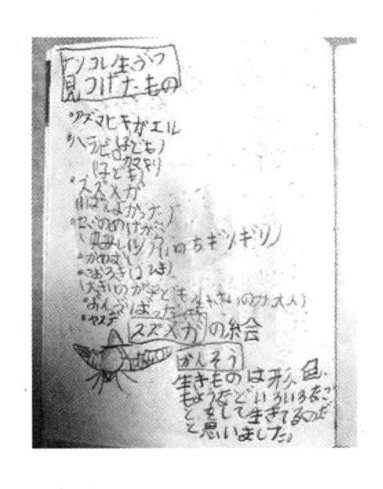

第 2 章　将孩子培养成喜欢大自然、有观察力与专注力的人

他在纸上画的是天蛾。在这个时期，他虽然罗列了很多小动物，但并没有写出它们的特征。

下面，我们再来看看他二年级时，在小动物观察笔记本上记的与小龙虾相关的笔记，内容稍微有点长，是这样写的：

　　小的小龙虾生活在水浅的地方，用网去捞轻松就能捞到。而大的小龙虾生活在深水区，很难捞到。

　　要钓大的小龙虾，就要用小的小龙虾作饵，饵线下还要绑上钉子、石头之类的重物。还可以用咸沙丁鱼串、鱿鱼干、圆筒鱼糕当饵，但要是用鸡皮等生肉，大的小龙虾会更容易上钩（鱼君用的饵是圆筒鱼糕）。春末到秋初这段时间，正是钓小龙虾的好时机。岸边或者树根周围是小龙

好奇心是学习的发动机
自力でできる子になる好奇心を伸ばす子育て

虾的藏身之处，比起池塘中间，这些地方更容易成功钓到小龙虾。快，悄悄地举起你的钓竿吧。

小龙虾不仅用钳子夹东西，还会用钳子打架。只要两只小龙虾的"胡须"一碰，它们马上就会张开钳子，开始打架。

（春）樱花一落，土壤变暖，小龙虾也苏醒了。

（夏）水变少了，天气变热，小龙虾逃到石头底下去了。

第 2 章　将孩子培养成喜欢大自然、有观察力与专注力的人

（秋）水一变冷，小龙虾就不怎么动了，躲到了阴暗的地方。

（冬）从秋末到春初，小龙虾进入了越冬的状态。

就写这么多。

我的大儿子钓小龙虾一年后，不仅写下了钓得的小龙虾的个头和使用不同的饵之间的关系，还意识到了垂钓时节和地点的影响。而且，因为他把钓到的很多小龙虾都养在家里观察，所以他能写出它们打架的细节。此外，他还做了尝试，弄清楚了小龙虾吃什么、不吃什么，并记录在了小动物观察笔记上，也就是用○、△、× 等符号来表示小龙虾爱吃、吃或不吃的食物。

一开始是我买了笔记本，要求儿子写这样的小动物观察笔记，但不久后他就产生了兴趣，主动记笔记了。作为发动机的好奇心不仅能训练孩子写文章、画画这些输出的能力，还能在愉快的实践中，锻炼他们对事物的观察力。

不止我的儿子一人记小动物观察笔记。有一本管理学

好奇心是学习的发动机
自力でできる子になる好奇心を伸ばす子育て

畅销书名为《基业长青》（*Build to Last*），我大学时期初读此书就颇有感触，真正从事管理工作后也经常重读。这本书的作者之一吉姆·柯林斯（Jim Collins）在少年时期就喜欢虫子。他经常捉虫后并将其装进瓶子里，观察好几天，将虫子的形态、行为、食性等一一写进实验笔记本里。成年后，他就职于惠普公司，但在这样一家全球知名的大公司里工作，他没有真正感到快乐。

所以，他将小时候经常使用的方法，也就是在实验笔记本上给虫子记录观察笔记的方法，应用到了自己身上。他在实验笔记本的标题栏写上自己的称谓"吉姆虫"，在此后的一年里，仔细观察着自己的行为和工作状态。柯林斯就像他少年时期观察虫子那样，不断记录着观察自己的实验笔记。就这样，一年多以后，结论浮现出来。

他清楚地认识到，从事某种复杂、系统性的工作，或教别人学习某种东西，能令他感受极大的乐趣。因此，他决定从事关于系统知识的教学工作。他辞去了惠普公司的工作，走上了学术的道路，任教于斯坦福大学。

第 2 章 将孩子培养成喜欢大自然、有观察力与专注力的人

柯林斯像孩子观察虫子一样进行自我审视，发现了自己真正的优势和潜力，最后也成就了管理领域的经典之作《基业长青》。这本书颇有特点：柯林斯细致地观察了全球范围内各行各业取得成功且持续发展的优质企业，总结出它们的共同点和规律，并进行了通俗易懂的分析。

柯林斯小时候做小动物观察笔记锻炼出的观察力，不仅被他用到了自我分析上，在进行专业的企业研究时也发挥了作用。这种观察法使他成为管理学大师。

> **养育技巧** 通过做小动物观察笔记，锻炼孩子的观察力吧！

08

鼓励孩子表现他的好奇心

当好奇心被激发，在捕捉、喂养、观察小动物并把心得记录在笔记本上时，孩子自然就会想要表达。

我家孩子所上的小学都会举办演讲活动，并让孩子自由决定演讲主题。对小动物充满好奇心的大儿子，每次演讲的主题都与小动物相关。起初，他根据在电视上了解到的知识，比如纪录片《白狮子传说》的相关内容进行演讲。后来，演讲主题渐渐变成了钓小龙虾的方法、小龙虾喜欢吃哪种饵等与他自己的实际经验相关的话题。当他讲到在家附近的公园池塘里钓小龙虾的实际体验时，班上的同学们似乎都很感兴趣。因为是讲自己喜欢且擅长的事，儿子也变得更会演讲了。而演讲或主持这种在公众场合中的表达能力，正是日本教育中所缺乏的。

虽然很多人觉得自己的表达能力很弱，但对于带着

第 2 章　将孩子培养成喜欢大自然、有观察力与专注力的人

好奇心研究过或体验过的事情，并强烈地想与他人分享，就可以自然地表达出来。这与主持技巧或演讲话术不同，不断累积表达的兴趣，就会形成越积累越想表达的良性循环。

我的大儿子还很喜欢画小动物。起初是在小动物观察笔记上涂鸦，后来逐渐认真地画了起来。这得益于《鱼君的一鱼一会》。这本书的作者鱼君在电视节目中非常活跃，也是我大儿子的偶像。因此，妻子给大儿子买了这本书当礼物，其内容就是鱼君如何喜欢上鱼，并一步步取得了如今的成就。大儿子把鱼君当作动物大师来崇拜，所以对鱼君的书，他读得津津有味。

鱼君说他在小学二年级第一次看见章鱼时，就对这个外表神秘的家伙很感兴趣，还把它的样子画了下来。后来，他开始专注于画鱼。

即便鱼君的妈妈听到班主任的劝告："这孩子上课的时候光画鱼去了，完全不专心听讲！"她也不会批评鱼君，而是鼓励他："你喜欢鱼、爱画鱼，这就足够了。"鱼

好奇心是学习的发动机
自力でできる子になる好奇心を伸ばす子育て

　　　君的妈妈总是支持孩子。鱼君之所以会有今天的成就，主要是因为他的妈妈很好地保护了他的好奇心。

　　　鱼君画了很多关于鱼的漫画，这也激发了我大儿子的创作热情，他开始去画小动物。大儿子喜欢的电视节目中，有一个介绍动物的节目叫《达尔文来了》。这个节目里，有一个观众来稿互动环节，大儿子会投自己的小动物画作。他连续投稿了好几次，这些画作虽然一直没有被电视节目采用，但被节目的官方博客刊登了两次。

　　　除此之外，东京市内的小学还会发放儿童环保宣传册。每期宣传册都会在封面上刊登来自读者的插画，大儿子也经常投稿。他连投了好几次，那幅画了牛蛙和烙铁头蛇（学名原矛头蝮）的名叫《宠物不说话》的插画终于登上了宣传册的封面。大儿子想通过在宣传册上刊登插画的方式呼吁更多人关注外来物种破坏生态环境的问题。因为全校师生都会收到这份宣传册，所以一时间，这件事还成了学校里的热门话题，儿子自己也体会到了些许成就感。

　　　其实，电视节目和报纸等媒介，如果只是随意看看，

第 2 章　将孩子培养成喜欢大自然、有观察力与专注力的人

就仅仅是被动地接收信息，但如果带上自己的好奇心去看，就会想主动参与和反馈。大儿子的插图投稿，原本是我和妻子鼓励他去尝试的。我们还教了他投稿的方法：在信封上写好地址、贴上邮票，等等。后来坚持不懈地投稿都是他自己去完成的。

我们要为孩子创造能够表现好奇心的机会，并充分地重视、认可、正向评价他们的表现。反复如此，就能进一步激发、深化和拓展孩子的好奇心。

> **养育技巧**　为孩子创造能够表现好奇心的机会吧，比如鼓励他们演讲或画画。

09
激发孩子探索世界的奥秘

我们初次见到新事物时,都会很兴奋,发出"这是什么啊?""好厉害!"之类的感叹。培养孩子好奇心的绝佳环境就是大自然。投入大自然的怀抱,并深入地观察,总能让孩子遇到令人兴奋的新事物。

父母要让孩子进入并沉浸在奇妙的世界中,发现那些隐藏着的未知事物,并体会这种乐趣;要让孩子仔细地观察顽强的小生命,如果他们感到不可思议,就让他们自己去探究原因;还要让孩子将发现的兴奋感表达出来。

"世界真奇妙啊!""知道了以前不知道的事,可太有趣了!""这东西这么动来动去的,真是不可思议!"若是让孩子们体会到这些感觉,并以此来培养他们的好奇心,他们整个人就会像装上了学习发动机一样。

第 2 章　将孩子培养成喜欢大自然、有观察力与专注力的人

爱因斯坦是 20 世纪最伟大的物理学家之一，他曾提到过一个概念，叫"神圣的好奇心"（holy curiosity），他是这样描述的：

> 我没有特别的才能，只是好奇心十分强烈罢了。
>
> ……
>
> 不要因为思考做事的理由而停止质疑。也不要因为思考自己为什么会有疑问而停止质疑。重要的是一直保持质疑。好奇心本身就有存在的意义。当一个人沉思永恒、生命和现实背后惊人体系的奥秘时，必然会有所敬畏。每天哪怕只努力了解这种奥秘一点点，也足够了。决不能失去神圣的好奇心。

世界充满了奥秘，还隐藏着许多我们未知的事物。用爱因斯坦的话来说就是，我们要怀着"神圣的好奇心"，这是一切学习的动力。

在非洲从事医疗援助工作并获得诺贝尔和平奖的阿

好奇心是学习的发动机
自力でできる子になる好奇心を伸ばす子育て

尔贝特·施韦泽（Albert Schweitzer）提出过一个核心观点——敬畏生命。这是他乘坐小型蒸汽船在非洲的河流里遇到河马群时，突然闪现出来的想法。也许，正是这群在大自然中顽强生存的河马所展现出的强烈生命力，触动了施韦泽的灵魂。而且，这种对生命的敬畏成为一种动力，驱使着施韦泽在异乡从事医疗活动与和平事业。

虽然难以用言语解释清楚"神圣的好奇心"和"敬畏生命"，但也许当人们在大自然的怀抱中感受着它的神奇与奥秘时，就能自然而然地体会到。

而且，这也是与大自然融为一体的境界。无论是孩子还是大人，保持"神圣的好奇心"和"敬畏生命"的人生态度，与大自然融为一体，在未来的人生中都大有裨益。

养育技巧 为了更多地体验未知，让孩子投入大自然的怀抱吧！

10

瑞典"林中教室"的魔法

经济合作与发展组织在 2012 年发起过一项成人学力调查,也就是"国际成人能力评估调查"(PIAAC)。这个项目以 16～65 岁的人为研究对象,评估他们的阅读能力、数学思考能力、利用互联网技术来解决问题的能力,此外还有关于好奇心的调查评估。与好奇心有关的一个题目是回答自己是否喜欢学新东西。

调查的计分规则为:"完全不"得 0 分,"几乎不"得 1 分,"某种程度上符合"得 2 分,"基本符合"得 3 分,"非常符合"得 4 分。日本国民的平均得分是 2.298 分,与第一名瑞典国民的 3.242 分有着相当大的差距。

从各国国民的分值及排名,我们可以发现,日本国民的好奇心较弱,而美国,以及瑞典、丹麦、芬兰等北欧国家国民的好奇心则比较强。不只是青少年和成人,在儿童身上,同样有这样的情况。

好奇心是学习的发动机
自力でできる子になる好奇心を伸ばす子育て

部分国家国民好奇心分值排名

排序	国家	分值	排序	国家	分值
1	瑞典	3.242	13	英国	2.891
2	美国	3.225	14	德国	2.862
3	丹麦	3.224	15	荷兰	2.810
4	芬兰	3.214	16	比利时	2.739
5	塞浦路斯	3.161	17	斯洛伐克	2.724
6	西班牙	3.141	18	捷克	2.671
7	加拿大	3.138	19	波兰	2.650
8	挪威	3.132	20	爱沙尼亚	2.630
9	法国	3.017	21	俄罗斯	2.494
10	意大利	2.947	22	日本	2.298
11	奥地利	2.902	23	韩国	2.145
12	爱尔兰	2.895			

在教育上，以瑞典为代表的北欧国家的特征之一，是广泛使用环境教育和自然教育。

第 2 章　将孩子培养成喜欢大自然、有观察力与专注力的人

　　为了让孩子对大自然感兴趣，瑞典约 80% 的公立幼儿园都引入了一种名为"林中教室"的教育方法。这种教育方法可以让孩子在大自然中尽情地活动、玩耍，通过与动植物接触，学习生态知识。在瑞典，这种教育方法有 60 多年的历史，教育对象不仅是幼儿，还包括许多小学生。瑞典农业科学大学帕特里克·格兰（Patrik Grahn）教授等人 1997 年的研究报告显示，与由专业建筑师设计、在成人眼里更漂亮的"城市幼儿园"相比，有着大庭院、充分利用大自然的"野外幼儿园"，往往更能激发孩子的创造力，提高他们的专注力，也更有助于孩子运动神经的发展。

　　也许，日本人的好奇心之所以与北欧国家国民存在差距，原因之一就是缺乏自然教育。大自然是延伸孩子好奇心的活教材和宝库。请父母一定要多和孩子一起去大自然中看看。

> **养育技巧**　经常和孩子一起投入大自然的怀抱，去感受这本活教材吧！

好奇心是学习的发动机
自力でできる子になる好奇心を伸ばす子育て

── 和孩子一起玩 ──
在大自然里找小动物,上网查找它们的学名和特征,并写下观察笔记吧!

小动物观察笔记

年　月　日

学名:

体长:

发现地点:

特征:

好奇心是学习的发动机

第 3 章

将孩子培养成热爱运动、充满自信和干劲的人

01
让孩子在户外自由运动

加强体育锻炼能够发展运动能力,让孩子身体健康。此外,锻炼身体在发展孩子的智力和增进好奇心上效果显著。

瑞士心理学家让·皮亚杰(Jean Piaget)注意到,人幼儿期的认知功能是通过身体感觉来培养的。基于认知发展理论,皮亚杰提出了以下活动教学法:

1. 让孩子在自由、自发的活动中成长。
2. 让孩子在与周围环境的相互作用下成长。
3. 孩子通过自己的探索,发现自己想法上的错误并进行修正,从而得到成长。
4. 从出生起,孩子就通过身体学习。
5. 孩子通过自身的活动经验,发展具有稳定性、灵活性的"操作性思维",并在每个发展阶段都不断进步。

第 3 章　将孩子培养成热爱运动、充满自信和干劲的人

6. 各阶段的思维结构以之前阶段的思维结构为基础，通过孩子的活动而发展建立起来。因此，在每个阶段，孩子都需要进行切实的活动。

配合孩子在不同年龄阶段应该习得的内容，让他们自发地锻炼身体，并最大限度地调动求知欲，获得成就感，这是极其重要的。

在我还是个孩子的时候，我每天都会去户外玩耍。小学毕业之前，我几乎不记得自己在学校和家以外的地方学习过，我最喜欢的是在户外打棒球或进行其他球类运动，也喜欢探险，还有爬树或爬墙。总之要让身体动起来。

当身体在玩耍、运动的时候，我们会多次体验掌握诀窍的感觉。比如，加大手臂摆动幅度跑得更快，能在赛跑中超过朋友；利用前脚掌的触地弹性投篮，远投可以更轻松……就这样，我日复一日地体味着充实感和成就感，度过了少年时期。

这种感觉，即活动身体的同时，发现了一些诀窍，获

好奇心是学习的发动机
自力でできる子になる好奇心を伸ばす子育て

得了某种成就感,我称之为"功夫不负有心人"。

我每天只是在广阔的户外空间里锻炼身体、玩耍、自由"浪费"时间,我一边思考一边享受,多次体验到了功夫不负有心人的感觉。我觉得自己主动思考、积极看待一切的习惯,以及自然地对事物产生兴趣的好奇心,都是在这个时期培养出来的。

总之,通过锻炼身体得到的功夫不负有心人的感觉,对培养孩子的好奇心非常重要。

02
在各种各样的公园里冒险

只要带孩子去公园,他们就会快乐地玩耍起来,在游乐设备上爬上爬下,在广场上欢呼雀跃。孩子充满了活力和能量,只要父母准备好自由输出的环境,他们的专注力、勇于尝试新事物的挑战精神自然就会发挥出来。

孩子在公园里自由玩耍,有益于提高他们的身体素质。不断积累这种兴奋地自主活动身体的体验,就能增进好奇心。

在我家,不只是儿子,女儿也非常喜欢体育运动。她们忘不了在大型运动场所中玩耍的经历,却不知道怎么用语言表达,只一个劲地缠着我们说:"我想去运动啊!"

孩子在公园玩耍时,会经历克服各种运动障碍、尝试从未做过的身体活动方式、最后成功做到的体验。如果能够连续地从这种富有挑战性的体验中获得成就感，就能触达竞技运动的精髓。

面对新的挑战，孩子会很兴奋，自然会一边活动身体，一边思考"如何才能成功"。一旦成功，他们就会满心欢喜，发出"我做到了！"这样的感慨。就是这样一个又一个的身心跃动，激发和培养了孩子本来就有的好奇心。

每个休息日，我都要带着孩子们去公园，工作日则由妻子带还没上幼儿园的小儿子去。到目前为止，我休了4次育儿假，每次都是骑着自行车，载着我的孩子，去不同的公园，展开探索公园的冒险。每个公园的环境和游乐设备都不相同，每次孩子都可以挑战新的设备，激发好奇心。有的公园滑梯很多，超过了15个；有的公园有滑索；有的公园有章鱼形状和火箭形状的滑梯……此外，我在前文中介绍过，我家附近可以钓到小龙虾的公园也独具特色。

如果孩子认为自己居住的整个城市是一座冒险岛，他

第 3 章　将孩子培养成热爱运动、充满自信和干劲的人

每天都在冒险，那么，每天都有令人兴奋的探索。如果去的公园有从未见过的游乐设备，孩子们就会充满好奇："我想玩那个！""这是什么？该怎么玩啊？"像这样，孩子们心动了，身体就会自然地动起来。反复累积这样的经验，就形成了从萌发好奇心到付诸行动，再到实际体验的良性循环。

很多人都认为，运动只能锻炼运动神经和体力。但实际上，"身体自然地动起来"的体验，也与增进好奇心有关。请父母一定要带孩子去公园玩，如果条件允许，可以带孩子去不同类型的公园"冒险"。

养育技巧　带孩子去逛各种各样的公园，创造让身体自主活动的机会吧！

03

在亲子体操中与孩子碰撞交流

活动身体并不是只能在公园或户外进行，在家里也可以。实际上，通过亲子体操来活动身体，对幼儿期的孩子极为重要。

"举高高"这个很有代表性的亲子体操，大家应该都知道。父母将双手放在孩子的腋下，抱住孩子的身体往上举。被举高高时，不管是不满1岁的婴儿，还是9岁左右的孩子，都会咯咯大笑，还会央求道"再高点、再高点"。对孩子来说，举高高能够让他们从与平时不同且更高的视角俯瞰这个世界。

另一个同样具有代表性的亲子体操是"开飞机"。父母坐在地板上，双手托住孩子的腋下，用自己的小腿作为孩子腰部的支撑，让他仰面向下。这样，孩子就可以做出如同飞行的姿势。开飞机能让孩子体会到飞的感觉，所以

第 3 章　将孩子培养成热爱运动、充满自信和干劲的人

非常受孩子欢迎。若是加上"砰——"这样的音效，或是念出"三、二、一，发射"，或是说"由东京开往纽约的航班，现在就要起飞了"，则会让气氛更加热闹。我和孩子在做这个亲子体操时，最后往往是我用托着孩子的手去挠他痒痒，他在空中大笑，并滚到了我身上。

还有一个具有代表性的亲子体操叫作"抓紧，逆向翻转"。其实，它没有太正式的名字，我们一般称之为"咕噜临帕"①。首先，孩子和父母面对面站着，握住对方的双手。然后，孩子把脚踩在父母的膝盖或腹部往上蹬。如果孩子能够从父母的腹部蹬到胸部，那最后孩子就能像在单杠上翻转那样，回旋落地。整个过程中，父母一定要紧紧抓住孩子的双手，在确保安全的前提下，给孩子的回旋提供帮助。

乍一听似乎很难，但实际上，孩子两三岁时就可以做，这比他们能够在单杠上做回旋动作的时间更早。对孩子来说，这是一项快乐的身体运动，同时也能够让他们产生"我

---

① 原文为グルリンパ，音译为"咕噜临帕"，指一种女式束发，束发的过程与上文描述的亲子体操动作类似。——译者注

好奇心是学习的发动机
自力でできる子になる好奇心を伸ばす子育て

试了一下，就做出了这么厉害的动作啊"这样的自信。

年幼的孩子可以在父母的膝盖上玩跷跷板游戏。6岁以上的孩子则比较适合"亲子跳箱"。如果家里有女儿，父母可以给女儿一个公主抱，同时唱着迪士尼电影《阿拉丁》(Aladdin)的主题曲《全新世界》(A Whole New World)，悠悠荡荡地旋转起来，玩假扮公主的游戏。

无论是哪种亲子体操，父母与孩子一起活动身体，并相互接触是关键。日本曾有一个叫作《和爸爸在一起》的电视节目，是高人气节目《和妈妈在一起》的爸爸版。我和孩子们从这个节目中学会的亲子体操"攀登父山"，成了我家很受欢迎的娱乐活动。

具体做法是，父亲趴着，孩子在保持平衡的同时，在父亲的身体上行走。如果孩子顺利地从父亲的腿到腰，再到肩都走了一遍，那父亲就可以跪立起来，假装成马的样子，孩子则骑在上面。孩子骑着"马"，同时"啪啪"地拍打着父亲的肩膀，父亲就这样驮着孩子，一边说着"加快咯加快咯"，一边渐渐地拱起自己的身体变成"山"。

第 3 章　将孩子培养成热爱运动、充满自信和干劲的人

最后，说着"一、二、三，嗨哟，上山咯"，父子就一起平安地完成了这个亲子体操。

＼父母要确保孩子的安全，给予他们足够的帮助！／

"攀登父山"已经成为我家的传统游戏，5 个孩子小

时候都相继玩过。更妙的是，孩子在父亲的身体上行走，以及"啪啪"地拍打父亲的肩膀，都可以起到轻微的按摩作用。孩子玩得高兴，父亲也会因为身体得到按摩而感到很舒服。"攀登父山"的亲子体操是经过精心设计的，能让年幼的孩子和父母都得到快乐。

我想起了自己小时候，也经常踩在趴着的父亲或母亲身上行走，给他们按摩。这样不仅能够锻炼我的身体平衡能力，我也会因父母高兴而感到快乐。此外，和父亲玩相扑游戏的情景，也深深地印刻在我的记忆里。那时，我在与他进行身体碰撞的同时会很感慨：爸爸多么高大啊！而现在，成为父亲的我，也经常与孩子们玩相扑游戏。有时候，我会故意输掉，但不会表现得明显到让他们看出来。

亲子之间通过互相触碰对方的身体来进行交流是很重要的。通过一起活动身体，父母与孩子都能真切地感受到彼此之间的联系，从而获得被爱的安全感。这个过程，我称为"身体的碰撞交流"。

心理学领域的"依恋理论"中有一个专业术语叫"依

第 3 章　将孩子培养成热爱运动、充满自信和干劲的人

恋形成",其重要性表现在:只要依恋能够牢牢地形成,孩子就能够将父母等养育者当作安全基地,从而自发地向外探索。换句话说,就是孩子会将好奇付诸实践。这是因为他们知道,无论经历何种失败,受到何种伤害,陷入何种迷惘,总有一个可以回去的地方,总有守护着自己的人,所以他们会感到安心。

因为孩子知道这个安全基地始终能提供动力能源,并让自己的心船停靠。所以,无论面临怎样的未知冒险,孩子都愿意去挑战。

亲子体操能够极大地激发孩子的好奇心。一方面,它通过活动身体和获得新的经验激发孩子的好奇心,另一方面,亲子间进行身体接触碰撞,能给孩子带来安全感。

> **养育技巧**　一起进行亲子活动,开始"身体的碰撞交流"吧!

04
带孩子感受他的身体机能

自我效能感（self-efficacy）是由斯坦福大学的阿尔伯特·班杜拉（Albert Bandura）教授提出的，是指在特定的情况下，感知自己的能力水平，并成功地采取必要的行动。

如果一个人的自我效能感高，为了达成目标，他就会勇于挑战，克服困难，也能轻松地控制自己的情绪。若是自我效能感低，他就容易陷入负面状态，觉得反正自己做不到，不如马上放弃，而且做任何事都没有动力，也不会取得什么成果。

为了提高自我效能感，累积微小的成功体验颇为重要。而且，周围的人通过语言表达对这些成功的认可和赞美也很重要。

第 3 章　将孩子培养成热爱运动、充满自信和干劲的人

　　孩子的身体机能一直在发展。父母经常会发现，孩子以前做不到的事现在能做到了。如果和周围的孩子相比，又会发现有的孩子进步神速，有的孩子则发展迟缓。但无论哪个孩子，都是今天相比昨天，明天又相比今天，实实在在地成长了。除了计算、书写等学科方面的成就外，孩子还可以体验到多种多样的其他成就，比如能够翻身、爬行、站立、行走、跑步、跳跃、单腿跳、跳绳，等等。

　　父母要充分认可、赞美孩子的这些成功体验，通过这种方式，孩子的自我效能感能稳步提高。亲身体验自己的身体"能行"，他们也就能理解"只要努力就能成功"的含义了。

　　同时，我认为这种自我效能感也与好奇心息息相关。少年时期大家都拥有的好奇心，被周围的大人以"那个不行""这个不行"加以限制、扼杀，渐渐地也就不再拥有了。

　　当孩子带着满满的好奇心玩得全身都是泥时，请父母不要因为孩子衣服弄脏了就去制止他。如果孩子对难度更大的游乐设施好奇，想去挑战一下，父母也不要因为觉得

好奇心是学习的发动机
自力でできる子になる好奇心を伸ばす子育て

危险，就完全不让他尝试。

孩子的安全和卫生问题当然要重视，但只要父母能好好地守护，并给予必要的帮助就可以了。孩子通过尽情地玩耍，可以获得特有的成就感与满足感。

当我的孩子想要挑战一些难度较大的游乐设施时，我基本上都会支持，但也会非常小心并提供帮助，以免他们受伤。在一些事情上，孩子一开始只能依靠别人才能完成，但不久之后，他们就能独立完成了。这么小的孩子，竟能做成这么多事，父母往往也会吃惊。这时候，如果极力称赞他们"真棒！""你做到了！"，孩子就会收获满满的成就感。我之所以这样养育孩子，是因为我自己也是被这样抚养长大的。

顺便说一下，当我夸奖孩子的时候，会有意识地使用一些赞美的句子，比如：

- 不愧是×××啊！
- 真厉害！

第 3 章　将孩子培养成热爱运动、充满自信和干劲的人

- 真棒!
- 世界第一!
- 你做到了!
- 没错!

> 和孩子交流的时候,有意识地说些赞美的话吧!

我原本不太擅长夸人,但后来为了多表扬孩子,赞美的话会条件反射般地说出来,而且效果好得出奇,孩子们都很受鼓舞。

好奇心是学习的发动机
自力でできる子になる好奇心を伸ばす子育て

　　从流露好奇心到去挑战、去行动,在这个过程中,孩子不断体验和积累"做到了"的成就感,最终提高了自我效能感。自我效能感一旦提高,孩子就会更容易萌发好奇心,想要挑战下一个新的事物,想要做得更好。只有在好奇心和自我效能感之间产生良性循环,才能促进孩子的独立、正向成长。

> **养育技巧**　父母用心夸奖孩子,能提高他们的自我效能感!

05
在小磕小碰中锻炼孩子的回弹力

要培养孩子的好奇心,不扼杀处于萌芽状态的好奇心也很重要。

那么,处于萌芽状态的好奇心是如何被扼杀的呢?很多时候,父母总是抢先一步,但父母的这种避免风险的做法,往往不是控制风险本身,而是制止孩子的行动。"这个不行""那个不许做""太危险了""还太早""肯定太难了""受伤了怎么办""如果失败了,就会丧失信心",这些成年人的防御本能和规避风险的考虑,往往会扼杀孩子萌生的好奇心。

最近,欧美国家经常使用"回弹力"这个词。它有"复原力""抗逆力""再生力""韧性"等意思,也可以翻译为"不屈服的心"。它指的是面对压力、困难、逆境时,心理上的抵御能力和恢复能力,而如何提高回弹力,广受

好奇心是学习的发动机
自力でできる子になる好奇心を伸ばす子育て

教育界和商业界的关注。

　　实际上，很多好奇心旺盛的人都会去挑战新事物，做一些有风险的事。孩子这样做的话，父母可能会有点担心。因为无论是结果失败了，还是一开始就做不到，都会给孩子带来一些伤害。

　　父母如何看待这种好奇心驱使下的行动失败和伤害，是非常关键的。"如果失败了，就不要再挑战了""若是受伤了，干脆就不做了"，如果父母这样想，就会扼杀孩子处于萌芽状态的好奇心，孩子的回弹力也得不到提高。

　　我们经常说"失败是成功之母"。为什么会失败？失败的原因是什么？为了下一次的成功，应该克服什么？通过这些积极的思考，对失败原因持续保持着好奇心，才终有一天会成功。而且，不断重复这样的思考，好奇心也会不断发展，也能提高面对困难和逆境的耐力。

　　我小时候总是受伤。在棒球队的时候，我经常进行滑垒和鱼跃式接球，所以擦伤不断。有一次头上流了很多

第 3 章　将孩子培养成热爱运动、充满自信和干劲的人

血,还缝了针。我的孩子们,无论是儿子还是女儿,也经常带着擦伤回家。当然,安全第一无可非议,但小伤其实很快就会痊愈。当身体从一些伤痛中痊愈时,孩子就对自己愿意冒多大的风险有了一定的认知。了解自己对失败的容忍度、勇敢挑战最初的小失败,就会获得真切的教训,收获成功的种子。

请父母一定不要把孩子的好奇心扼杀在萌芽状态。在看待他们的挑战时,请带着这样的意识:小伤小痛是增强孩子回弹力过程中的一些小插曲,是下一个成功的种子。

> **养育技巧**　父母不要因为过于关注孩子的成败,而扼杀其处于萌芽状态的好奇心。

06
和孩子一起享受学习技能带来的成长

也许很多人都觉得，进行体育运动是在学习一项技能，但其实并不是这样。因为无论孩子是进行体育还是艺术上的训练，都不仅是对技能的磨炼，更多的是孩子在不断进行挑战，不断积累小的成就。这对孩子的成长大有裨益。但需要注意的是，父母往往过分地以"为了孩子好"的名义，强加给他们很多课外作业，把他们的好奇心抛在了一边。

很多孩子每天花大量时间学习。这样日复一日的生活，孩子或许都喘不过气来了。他们不是出于好奇去学习，而是被强迫完成这些任务。这样下去，他们自学的能力反而会下降。

我建议孩子学习一项技能的时候，父母也一起学习，大家一起感受成长。我大儿子三四岁的时候，我和妻子尝

第 3 章　将孩子培养成热爱运动、充满自信和干劲的人

试过让他去上体操班，可他一去就大哭，抓住我不放，我只好放弃这个想法。出于同样的原因，他也没上英语班。

大儿子花了两年左右的时间，才适应幼儿园的生活。他有些怕生，做事情有自己的节奏，所以适应起来很辛苦。小学一年级的时候，学校就开设了游泳课，但因为大儿子强烈的畏难情绪，即使在泳池里玩过，他也没能学会游泳。上游泳课的时候，他总是一副压力过大的样子，因而不想学。

我想着这样可不行。正好，当我第四个孩子出生的时候，我休了两个月的育儿假，而那时大儿子也放暑假了。于是，我们父子俩每天都去游泳池练习游泳，这是我们俩的游泳特别训练课。虽然并没有专业的指导，但我们俩每天都要把脸埋进游泳池里，用脚蹬水，进行一些基础练习。

虽然孩子还是非常害怕，但只要他每次有一点点进步，我都会使劲夸奖他、鼓励他。这次特训也终于有所收获：大儿子学会了最基本的游泳动作，也不再讨厌学校里

好奇心是学习的发动机
自力でできる子になる好奇心を伸ばす子育て

的游泳课了。这之后，他还去上了几个月的游泳班，克服了畏难情绪。因为哥哥去了，大女儿也跟着一起去，所以她也顺利地学会了游泳。

儿子和女儿在学习游泳的时候，我也在旁边的成人游泳区游。其他带孩子去学的妈妈们，大多在等待区玩手机，而我却比孩子们更努力地游着，研究自己如何能游得更好。像这样，父母满怀兴趣地与孩子一起学习，平等地看待孩子，给予他们认可，就能发展他们本已萌发的好奇心。

在学习这件事上，虽然提高技能很重要，但父母见证孩子的每一个挑战，以及随之而来的小小成长，并一起分享快乐，也很重要。

最后，我还想再次提醒，请父母不要给孩子被迫做事的感觉，而是要重视他们"想要学会"的心态。如果他们取得了一些小小的成功，请一定要充分肯定他们。父母也可以和孩子一起挑战，分享学习的感悟。

第 3 章　将孩子培养成热爱运动、充满自信和干劲的人

父母和孩子一起享受学习的过程，感受成长吧！

养育技巧　当孩子取得了小小的成功，请父母表示认可，充分肯定他们吧！

好奇心是学习的发动机
自力でできる子になる好奇心を伸ばす子育て

── 和孩子一起玩 ──
挑战亲子体操，一起完成逆向翻转吧！

亲子体操挑战	是否完成	完成时间
父母抓紧孩子，再逆向翻转。		____年 ____月 ____日
孩子在父母的帮助下进行单杠上的翻转。		____年 ____月 ____日
孩子独立在单杠上翻转。		____年 ____月 ____日

好奇心是学习的发动机

第 4 章
将孩子培养成喜欢数学、
逻辑思维能力强的人

01

为什么很多日本人都讨厌数学

在国际教育成绩评价协会（IEA）开展的国际数学与科学教育成就趋势调查研究中，在数学兴趣这一项指标上，日本小学四年级的学生在所调查的 49 个国家和地区中排名第 47 位，中学二年级的学生则在所调查的 39 个国家和地区中排名第 37 位，中小学生都位列倒数第三。尽管日本中小学生的平均学习能力都排在第 5 位，处于领先水平，但日本的孩子大多不喜欢数学，对其没有多大兴趣。

可以说，日本有很多讨厌数学的人，韩国也一样。然而，新加坡喜欢数学的人却有很多。新加坡中小学生的数学学习能力排在第一位，而在数学兴趣这一指标上，其小学生排在第 30 位，中学生排在第 14 位，处于中间水平，与美国、加拿大相当。

第 4 章　将孩子培养成喜欢数学、逻辑思维能力强的人

在新加坡，有 24% 的中学二年级学生表示"非常喜欢学数学"，43% 的表示"喜欢"，33% 的表示"不喜欢"。而日本的这组数据分别是 9%、32%、59%。

如何培养孩子对数学的好奇心和兴趣呢？从新加坡的数学教育中我们可以得到启发：将数学思维融入日常生活和现实社会环境中。比如，在新加坡的中学数学课本中，有许多结合现实的金钱问题，诸如如何计算个人所得税和汽车的公路交通税，如何签订房屋的租赁合同，如何还信用卡等，此外，还涉及全球变暖、各种疾病等社会性问题。

再者，新加坡的数学教育还有一大特征，就是在学校高频、灵活地使用 Excel 等工具。用数学理解现实生活和社会经济，就会让学生们看到数学在现实社会中的重要作用，他们自然就对数学更好奇。

在本章中，我们将介绍一些具体的方法，让孩子从小就增强对数学的好奇心，爱上数学。

02
比一比，带孩子建立量化意识

初高中学生已经可以用数学思维来思考社会问题和未来的金钱问题了。那么，在孩子幼儿园和小学阶段，父母就可以让他们养成用数学思维来思考身边事物的习惯。

我上大学前学的是理科，各门学科中最喜欢的就是数学。因为小时候我喜欢棒球，棒球比赛的成绩，包括球队的胜率、打击率、防御率等细节都要了解。最开始接触的时候，我还不太清楚它们的意思，但渐渐地，我自然而然地学会了计算获胜率和打击率的方法，从而开始算自己的棒球打击率。

此外，我还计算过职业棒球投手投出的球的速度能达到每小时150千米。这个速度超过了高速公路上的汽车限速，与特快列车大致相当。

第 4 章　将孩子培养成喜欢数学、逻辑思维能力强的人

　　从我小时候的例子可以看出，孩子通过量化的方式来理解自己喜欢的东西，就会觉得数学可以用在很多地方。孩子对什么感兴趣？是否可以用数字表示？如果可以的话，引导他们去测量、记录、比较这些数值，并进行相应的计算。

　　我的大儿子喜欢小龙虾，在自主研究之后，他总结了一份名为"小龙虾 No.1 争夺战"的研究报告。他在家附近的池塘里抓了 9 只小龙虾，测量了它们各自的体长、重量，同时让它们进行了"田径""游泳""抓握"等"比赛"，记录每只小龙虾所花费的时间，以综合积分来决定名次。所谓的"田径比赛"，就是比小龙虾在地面上的爬行速度，"游泳"比的是在水里游的速度，"抓握"比的是用钳子抓东西能抓几秒。

　　规则也是他自己认真制定的。我认为，正是因为喜欢小龙虾，他才会如此专心地研究，制定规则、测量、记录，并进行比较。

　　父母可以让孩子用秒表计时，测量自己、兄弟姐妹、

好奇心是学习的发动机
自力でできる子になる好奇心を伸ばす子育て

朋友跑步的速度，并计算和上次相差多少时间；测量从家走到公园要多久；测量闭上眼睛单脚能站多久；测量百格计算[1]的时间，等等。这些测量，都是让孩子对数学产生兴趣的好机会。

把所有东西都拿来测一测、比一比，通过这种方式，能发展孩子的量化能力，增强孩子对数字的好奇心。

> **养育技巧** 试着找找孩子喜欢的事物中，有没有可以量化的东西。

---

[1] 百格计算是一种练习计算能力的方法，具体做法是在一张表格的首格标注运算符号，首行、首列的其他空格均填入不同的数字，中间空格让孩子填入计算结果。——译者注

03
让孩子按照自己的喜好搭建积木

积木是颇具代表性的益智玩具,种类很多。玩积木有助于提高孩子的想象力、创造力和专注力。

对于孩子来说,数学中的图形,尤其是立体图形,可能理解起来比较难,通过让孩子搭建积木培养空间感知力,有助于解决这一问题。

我小时候买不起电子游戏机,但家里有乐高积木,所以我经常和哥哥一起用乐高积木搭建各种各样的东西玩。我们一开始是照着说明书搭,搭成一次后,就按照自己的想法自由发挥了。我们搭了好多自己喜欢的东西,比如机器人、城堡、宇宙基地、火箭、坦克、恐龙,以及一些交通工具等,以展现自己的世界观。我们一旦开始,就会玩上好几个小时。我想,这有益于培养专注力。

好奇心是学习的发动机
自力でできる子になる好奇心を伸ばす子育て

让孩子随心所欲地
玩积木吧！

　　此外，搭建积木让我们头脑中想象的东西变成了具象的实体，也能够提高空间感知力和设计能力。

　　我在东京大学理工科的许多朋友，小时候都玩过乐高积木，在我留学的哈佛大学，大家甚至将乐高作为研究对象。

　　谷歌的创始人拉里·佩奇（Larry Page）和谢尔盖·布林（Sergey Brin）据说也是"乐高迷"，其办公地有"乐

第 4 章 将孩子培养成喜欢数学、逻辑思维能力强的人

高广场",他们还曾将乐高积木试题设计进了招聘考试中。佩奇上大学时,甚至用乐高积木搭了一台喷墨打印机。

乐高公司总部位于北欧丹麦的比隆,LEGO(乐高)一词来自丹麦语"Leg Godt",即"好好玩"。我觉得这个"好好玩"正是培养孩子好奇心和创造力的本质。

乐高的小颗粒积木对年龄较小的孩子来说组装难度略高。所以,我推荐 2～5 岁的孩子玩乐高公司出品的"快乐之家"(Happy Home)积木,这款积木的颗粒较大,也比较容易操作。此外,还有学研玩具公司的"新积木"(New Block),颗粒又大又软,不容易被孩子吞食,也不会在抛掷中让孩子受伤,即便让年龄更小的孩子玩,父母也能放心。我和孩子们在家里玩积木时,往往把过家家游戏和搭积木结合在一起,让孩子把喜欢的洋娃娃或玩偶放到用积木搭成的房子里去。

除了上面这些,紧紧卡在一起的神奇魔术积木(在日本被称为 LaQ 积木),会让孩子体验到与乐高积木不同的快乐,同时还能提高他们的设计能力。和乐高积木一样,

好奇心是学习的发动机
自力でできる子になる好奇心を伸ばす子育て

神奇魔术积木的积木块也很简单，但孩子可以根据想象创造出各种各样的东西。

每一款积木都各有各的特色，所以重要的不是玩哪种，而是如何玩。

有些孩子，即便父母放任不管，他们也能独自沉迷于积木世界。然而，并不是所有孩子一开始都能创造出很棒的作品。所以刚开始的时候，父母也要参与进去，为孩子解释说明书上他们看不懂的地方，给他们看自己创造的作品，并极力地夸奖孩子创造的作品，与孩子一起享受快乐。

设定交通工具、动物、机器人等主题，然后依据这些主题拼出各种作品，也是一个很好的方法。如果是动物主题，那就拼装长颈鹿、马、大猩猩等动物，并把这些动物放在一起，建造一个"动物园"。父母和孩子可以假装逛动物园，还可以假装开着车转来转去。这样，随着游戏的展开，想法会越来越多，孩子就会沉浸其中。

第 4 章　将孩子培养成喜欢数学、逻辑思维能力强的人

乐高与编程相结合的"乐高头脑风暴",以及面向儿童的编程工具 Scratch,都是由麻省理工学院媒体实验室教授米切尔·雷斯尼克(Mitchel Resnick)开发的。在其著作《终身幼儿园》(*Lifelong Kindergarten*)[1] 中,他尤其关注了能促进创造性思维发展的乐高积木:"不要问一个玩具能让你的孩子做什么,而要问你的孩子能用这个玩具做什么。"

总而言之,积木可以在很大程度上开发孩子的想象力、创造力和专注力,请一定要让孩子玩一玩。

> **养育技巧**　让孩子把积木当成手边随时可玩的玩具,灵活地发挥想象力,自由地玩耍吧!

---

[1] 这本书指出,未来教育要向幼儿园学习,培养具有终身创造力的学习者。作者总结自己 30 年的编程开发经验,为教育者和学习者提供了一套从幼儿园到 MIT 项目计划都适用的创造性学习模式。该书的中文简体字版已由湛庐引进,浙江教育出版社于 2018 年 7 月出版。——编者注

04

传授孩子玩桌游的策略

在很多人的印象中,数学总是很枯燥,但通过玩游戏培养孩子对数学的兴趣就很快乐。纸牌游戏等桌游中使用了大量的数字,能够让孩子对数字产生亲切感和好奇心,是再合适不过的训练。

我小时候经常和兄弟姐妹一起玩纸牌游戏。我特别喜欢玩的纸牌游戏是"大富翁"。玩"大富翁"时,要依据手中的牌考虑出哪张纸牌、按什么顺序出、怎么出,这能够训练策略性思考的能力。出这张牌的话,对方也许会出那张牌,这样一来,下次我再出另一张牌,不就赢了吗?玩"大富翁"的时候,我会像这样在头脑中进行多次出牌的模拟。一边推测对方手中的牌,一边根据不同的情况,计算自己获胜的概率。这样的推论、情况区分、概率计算,正是在用数学思维进行思考、处理问题,我从小就这样乐此不疲。

第 4 章　将孩子培养成喜欢数学、逻辑思维能力强的人

这些经历也让我对数学很有信心，所以我当爸爸后，也经常让孩子们玩这种游戏。5岁的小女儿对此特别痴迷，总是央求"我们玩一玩"，所以我们每天都会一起玩纸牌游戏。

除了纸牌游戏，其他桌游也能够培养孩子对数字的亲密感。我家经常一起玩桌游"人生游戏"。在轮盘上掷骰子，看谁运气好，掷出的点数更大，并依此进入下一阶段。在这些时候，孩子都能运用加减法。再者，因为该游戏要与金钱打交道，孩子自然就要进行不同位数的金钱加减法计算。同时，"人生游戏"也可以用来训练孩子在计算中的进位、借位的能力。最后，因为是很多人一起玩，游戏中自然就会有更多的对话，这也有助于提高孩子的交流能力。

如果说"人生游戏"日本人爱玩的多，那么"大富翁"几乎是全世界的人都爱玩。这个游戏需要玩家通过不动产投资、独占土地或建筑物来赚钱，其规则所要求的策略性思考和交流的能力，比"人生游戏"更高。孩子读小学的时候，就可以让他们试一试了。这个游戏既可以锻炼孩子

好奇心是学习的发动机
自力でできる子になる好奇心を伸ばす子育て

的策略性思考能力,也能够对他们进行金融教育启蒙。

日本常见的经典双人棋盘游戏是奥赛罗棋(黑白棋)和将棋,这两种棋也是我小时候经常玩的。

奥赛罗棋的规则很简单,4岁左右的孩子就能玩得很开心。玩奥赛罗棋时,判断能够翻转对方棋子的个数、猜测对方下一步的落子、思考获胜的策略,在这些过程中,孩子的逻辑思维能力也得到了锻炼。

将棋的规则较复杂,要处理的情况较多,需要分析后面棋步的能力、俯瞰全局的能力,所以将棋更能锻炼孩子的策略性思考能力。将棋有儿童专用的动物将棋,是3×4的棋盘,玩法也比较简单,4岁左右的孩子也可以玩了。这种棋能在短时间内决出胜负,孩子们可以一起玩。

与将棋类似的棋盘游戏,还有国际象棋。多项研究表明,玩国际象棋能够提高学生的数学成绩。在意大利都灵大学教授罗伯托·特林凯罗(Roberto Trinchero)的

第 4 章　将孩子培养成喜欢数学、逻辑思维能力强的人

研究中，568 名 8～10 岁的小学生被分成了两组——受过国际象棋训练的和未受训的。结果显示，当被要求解答经济合作与发展组织进行的国际学生评估项目的数学试题时，受过国际象棋训练的那组，数学分数明显更高。此外，训练时间越长的小组，其他小组与该小组的差距就越明显。

父母想让孩子学国际象棋和将棋的话，可以从他们读小学甚至五六岁的时候开始，先从下棋的方法教起。我 5 岁的小女儿既喜欢玩纸牌游戏，也喜欢玩国际象棋。

总之，家人一起玩纸牌游戏、棋盘游戏等桌游，有助于培养孩子的逻辑思维能力。

> **养育技巧**　让孩子从简单的棋盘游戏开始玩吧。

05

和孩子一起记录他的成长数据

如果要让孩子建立量化意识,最好的观察对象就是孩子自己的身体。孩子的身体、能力都在以惊人的速度变化发展。把这种变化发展转为可视化的数字并记录下去,正是激发孩子对数学好奇心的好机会。

身高这种身体的成长变化要定期记录。我家是在每年5月5日也就是日本男孩节这一天前后,按照童谣《比一比身高》里唱的那样,让孩子们站在家里的柱子前,用卷尺测量他们的身高。我会在贴纸上写上身高的数据,贴在柱子上。

因为每年都要量,所以我们往往会有这样的对话:"你比去年长高了6厘米。""3年前你才这么点高啊!""你的身高什么时候才能赶上哥哥啊?"

第 4 章　将孩子培养成喜欢数学、逻辑思维能力强的人

　　通过观察自己身体的成长变化，数学中的加减法就会在孩子心中变得更形象。

　　此外，也可以测量孩子其他的身体部位。把卷尺或其他尺子交给孩子，让他们去测量各种东西。比如，买鞋时，我们经常要用到脚长，可以让孩子用卷尺去实际测量一下自己的脚。即便是 18 厘米和 18.5 厘米这样 0.5 厘米的差距，所穿鞋子的尺码都会不同。这样一来，孩子也能掌握长度单位和小数点的概念。

　　另外，也可以让孩子把手指张开，试着测量一下从大拇指指尖到中指指尖的距离。成年人基本上是 20 厘米左右，孩子的则要短些。这样以后遇到手头没有尺子，又想测量某样东西的长度时，就能使用这两根手指来进行估算。我小时候经常用这个方法来测量物体的长度。

　　其实，古代人也经常用张开的大拇指指尖到中指指尖的距离判断物体的长度。1 尺约等于 33.3 厘米，乐器尺

好奇心是学习的发动机
自力でできる子になる好奇心を伸ばす子育て

八①,就是得名于其管长 1 尺 8 寸(10 寸为 1 尺)。顺便说一下,一寸法师②也就只有大概 3 厘米高。告诉孩子这些长度单位及其由来,也能激发他们对数字的好奇心。

另外,可以让孩子试着把自己的身体成长变化绘制成图表。以年龄为横轴,以身高、脚长、体重等为纵轴,用折线反映变化。这些数据可视化后,孩子会真实感觉到自己在长大,在面对数学中的数字和图表时,心态也会更加积极。

父母可以和孩子一起使用 Excel 制作表格。这也是一个能让孩子意识到数学在将来会很实用的好机会。

> **养育技巧** 让孩子测量自己的身高和身体其他部位的长度吧。

---

① 尺八是中国传统乐器,唐宋时期传入日本。尺八是竹制竖吹的管乐器,形似洞箫。——编者注
② 一寸法师是日本童话故事中的人物。——译者注

06
探索放大镜、显微镜、万花尺的神奇

为了计算时间、测量长度,父母可以给孩子配备钟表和尺子。让孩子使用这种与数值相关的工具,比起单纯地看书本上的数字,更能激发他们对数字的好奇心。也就是说,要给孩子一些能够让他们兴奋的工具。

除了钟表、尺子,还可以给孩子放大镜。放大镜的使用方法简单,孩子很容易就能学会。在使用放大镜观察小虫子时,孩子会有新的发现,比如,能看出小蚂蚁的头部特征,能看出蜻蜓的眼睛有不可思议的色彩和形态。此外,还可以放大花朵、树叶等植物,观察其细微之处。出门只要带上一个放大镜,孩子就会变得十分兴奋,父母还可以教孩子如何使用放大镜将物体放大到 2 倍、3 倍等不同倍数。

父母还可以让孩子尝试更高级的显微镜。几千日元就

好奇心是学习的发动机
自力でできる子になる好奇心を伸ばす子育て

能买到放大到 1 000 倍左右的显微镜。

如果在显微镜下观察熟悉的东西，比如调味品，就会发现，酱油和调味汁完全不同，盐和糖的晶体与肉眼看到的完全不同。当然，用显微镜观察植物或动物时，能够观察到用放大镜看不到的微观世界。

需要注意的是，使用显微镜时，父母要和孩子一起，一边确认放大的倍数一边观察，借此机会让孩子掌握 10 倍、100 倍、1 000 倍等倍数的概念。

而万花尺也是一种值得推荐的工具，它可以用来画几何图案，能让孩子兴奋起来。万花尺是在一个长方形的尺规中，有一个为齿轮边缘的镂空圆，另附有许多孔的小齿轮。其玩法是，将笔尖插入小齿轮的一个细孔中沿着镂空圆的边缘移动，渐渐地，便可以画出漂亮且神奇的、仿佛在万花筒中观测到的几何图案。而且，如果将笔尖插入不同的孔洞或者改变小齿轮的转动方向，就能画出不同的几何图案。

第 4 章　将孩子培养成喜欢数学、逻辑思维能力强的人

我小时候就迷上了万花尺，用它画过各种各样的几何图形，我那时候觉得很不可思议。因为印象非常深刻，所以在成为父亲之后，我也从百元店① 买了万花尺，让孩子们去玩。

对孩子来说，万花尺只是玩具，但实际上它是由数学家发明的工具，它画出来的曲线可以用函数式表示。万花尺使用起来有点像在进行高级绘画，可以给孩子带来一种体验——用几何学领域不可思议的魅力激发孩子的好奇心，增加他们对于数学的美妙体验。

我还推荐一种可以通过加水搅拌成黏稠状的零食——知育果子。知育果子里带有工具和材料，材料可以混合、揉捏、用微波炉加热，孩子可以安全地制作并食用这种零食。在我小的时候，知育果子就因为可以"搅啊搅啊"而风靡日本，最近又推出了蛋糕、章鱼小丸子、汉堡等造型，种类相当丰富。对孩子来说，明明是在制作美味的零

---

① 日本的一种常见的零售店，主要商品售价均为 100 日元。——译者注

好奇心是学习的发动机
自力でできる子になる好奇心を伸ばす子育て

食,却像在玩黏土,这个过程让孩子感到神奇又兴奋。玩知育果子的整个过程就像在进行化学实验,孩子也会自然而然地与数字产生更紧密的联系,比如检查水和材料的分量,设定微波炉的加热功率与时间等。快让孩子试试吧!

养育技巧:让孩子灵活地使用工具,激发他们的好奇心!

07
引导孩子通过学习类漫画爱上数学

一个孩子对数字很熟悉，对逻辑思维产生了好奇，那他就一定擅长数学吗？有些人可能会有这样的疑虑，但如果孩子觉得数学很难，就会讨厌这门学科、对逻辑思维敬而远之。

因此，能够激发孩子数学兴趣的学习类漫画，就尤其值得推荐了。提到学习类漫画，我立刻就会想起"日本的历史"系列，不过，现在学习类漫画的种类更多了。比如2016年出版发行的"目标是成为明天的数学之王！"系列，就是与数学有关的学习类漫画。

孩子在愉快地阅读小学生们参加日本数学之王选拔赛系列故事的同时，自然就会熟悉数学，并对其产生兴趣。这套学习类漫画的主题有概率、比例与比率、灵活计算、单位、表格与图示、图形，等等。

好奇心是学习的发动机
自力でできる子になる好奇心を伸ばす子育て

漫画的主人公是一个不擅长数学，有点调皮又很有趣的男孩，孩子不用花费太多心思，就能快乐地读下去。

"目标是成为明天的数学之王！"系列通过有趣的漫画故事，讲解了那些孩子不容易理解的数学概念。可以说，它是一个能让孩子喜欢上数学的颇具吸引力的工具。

有关数学的学习类漫画还有"哆啦Ａ梦学习绘本丛书"中的《哆啦Ａ梦的趣味算数攻略（小学馆）》。这套经典刊物1991年出版发行，一直畅销至今，比上文提到的"目标是成为明天的数学之王！"系列历史更久。

这套学习类漫画所讲述的故事通常以大雄弄错了数学中的易错点和难点，引发哆啦Ａ梦抱怨而展开，即便孩子不擅长数学，也能愉快地读下去。这套学习类漫画涵盖了从小学低年级到高年级的数学知识，比如加减乘除、分数、小数、图形、面积、体积，以应用题、数学智力测验等形式展开。

"哆啦Ａ梦学习绘本丛书"不仅有数学，还有科学、

第 4 章　将孩子培养成喜欢数学、逻辑思维能力强的人

社会、语文、体育、手工，以及英语等，学科覆盖范围很广，可以满足孩子不同的阅读需求。在我家，当孩子们演讲或是游泳后，会获得"哆啦Ａ梦学习绘本丛书"中的《会说话、能演讲》或《看着看着就很会游了》作为礼物。

　　父母可以把孩子喜欢看的那几本和数学分册摆在一起，让他们自然而然地想拿在手里读。

　　即便是喜欢读书的孩子中，也有不少为数学而烦恼的。让他们愉快地阅读学习类漫画，自然地喜欢上数学吧！

养育技巧　让孩子借助学习类漫画学数学，能消除他们的畏难情绪。

好奇心是学习的发动机
自力でできる子になる好奇心を伸ばす子育て

和孩子一起玩

将孩子身高、体重等成长变化数据做成图表吧!

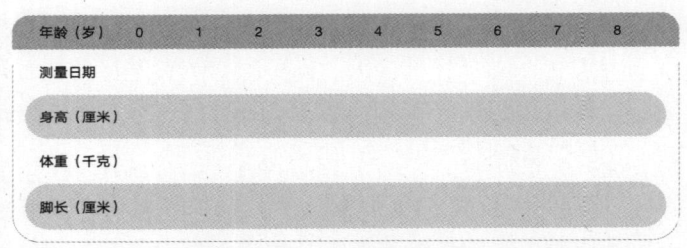

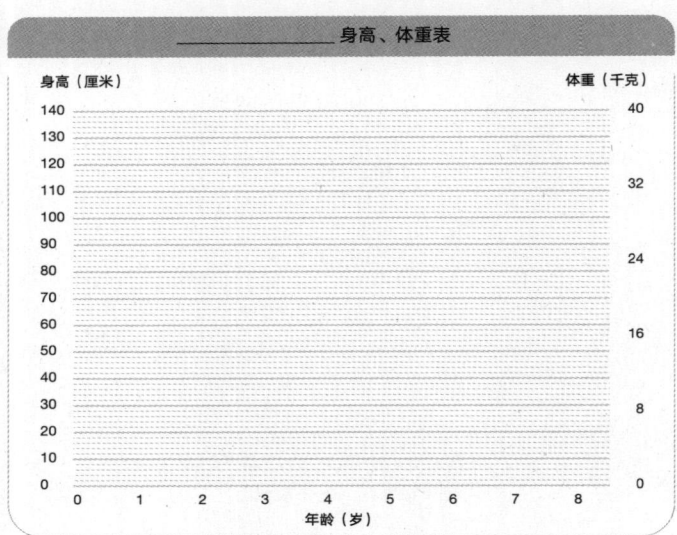

年龄(岁)	0	1	2	3	4	5	6	7	8
测量日期									
身高(厘米)									
体重(千克)									
脚长(厘米)									

_____身高、体重表

身高(厘米)   体重(千克)

140 — 40
130
120
110 — 32
100
90
80 — 24
70
60
50 — 16
40
30 — 8
20
10
0 — 0

0　1　2　3　4　5　6　7　8
年龄(岁)

好奇心是学习的发动机

第 5 章

将孩子培养成拥有良好人际关系、擅长交流的人

01
决定未来的非认知能力

在最后一章,我们来谈谈与"社会"相关的能力。

人是社会性动物,在社会中生存。我们与他人紧密联系,在社会中工作、生活,作为社会共同体中的一员,度过自己的一生。能否获得幸福、能否过上满意的生活、能否实现梦想,都取决于在社会中的生存能力和社交能力。在本章中,我们将探讨如何才能提高这些在社会中必需的能力。

近几年,"非认知能力"在日本很受关注。与认知能力不同,非认知能力不能通过智力测试和学力考试测定,它是指韧性、自制力、社会性、协调性、创造性、好奇心等能力。非认知能力与社会生存所必需的能力有着密切的关系。

本书的主题"好奇心",以及前文推荐的绘本创作和

第 5 章　将孩子培养成拥有良好人际关系、擅长交流的人

搭积木中随处可见的创造性，都是非认知能力。社会性和协调性也是非认知能力中的重要部分。本章将专门介绍培养这些能力的要点。

诺贝尔经济学奖获得者詹姆斯·J. 赫克曼（James J. Heckman）及其他学者的相关研究显示，近年来非认知能力的重要性越来越受到关注。赫克曼教授对美国密歇根州的佩里学前教育研究计划（Perry Preschool Program）的效果进行了长期的追踪研究。

所谓的佩里学前教育研究计划，指的是随机挑选一部分低收入群体家庭的 3～4 岁儿童，为之提供高质量的学前教育，并与那些未能得到这种机会的儿童比较。结果发现，那些接受了该计划的儿童的非认知能力得到了发展，并极大地影响了他们此后的学历、年收入，以及就业方式。

该计划中，除了开设读写、唱歌的课程之外，研究者们每周还会进行一次家访，建议父母和孩子多多沟通交流、一起玩耍。值得注意的是，在赫克曼教授的研究结果

好奇心是学习的发动机
自力でできる子になる好奇心を伸ばす子育て

中,虽然学前教育让儿童的智力得到了短暂的发展,但这种效果在他们8岁左右就消失了,而非认知能力的差异却会长期存在。孩子在幼儿期受到影响而生成的自制力、社会性,会成为持续发展的社会能力,也会影响孩子成年后的收入和学历等方面。

随着这些研究结果逐渐明朗,为了提高孩子的考试成绩,只重视认知能力的教育界也进行了变革。尽管到目前为止,关于非认知能力的研究仍然稀缺,但其重要性已在世界范围内获得认可。

美国著名记者保罗·图赫(Paul Tough)总结了非认知能力相关的最新研究,写成了《性格的力量》(*How Children Succeed*)一书,介绍了与人生的满意度及成就感密切相关的因素,即韧性、自制力、热情、社交能力、感恩、乐观主义、好奇心。

"好奇心"是贯穿本书的主题,社交能力、感恩和乐观主义与本章更是密切相关。那么,要发展这些能力,具体应该怎么做呢?本章将为大家解惑。

02
为孩子营造专属的"安全基地"

前面介绍的佩里学前教育研究计划,之所以能够成功提高孩子的非认知能力,是因为它不仅关注孩子,还关注了父母。也就是,研究者在每周一次的高频率定期家访中,为父母提供建议,比如,如何和孩子打招呼、怎么和孩子一起玩,等等。

实际上,亲子交流和亲子关系对于非认知能力的培养而言,非常重要。

我母亲去世得很早,就像前文中提到的,母亲生前留给我的最美好的回忆,就是为我读故事。我在 5 个兄弟姐妹中排行第四,不可能独占母亲的爱,所以总是在和兄弟姐妹"争夺"爱。

晚上睡觉前,母亲要给我们读故事,很会撒娇的哥哥

好奇心是学习的发动机
自力でできる子になる好奇心を伸ばす子育て

和最小的妹妹总是占据母亲的两侧，害羞的我只能躺在母亲头顶上方听故事。即便是这样，我也非常开心，因为自己占据了一个特别的位置。

另外一个与母亲相关的记忆，就是她经常表扬我。我生性害羞，说话不多，也不怎么主动和别人搭话，母亲却经常夸我"小胜是个很努力的孩子"或是"注意力很集中啊"。有时候给她帮了忙，她也会说"谢谢，多亏了你"。当我跑腿买错了东西或弄丢了零钱时，她也不会生气，而是说"谢谢"以表示她知道了。

因为家里既没有游戏机，又没有自行车，所以我隐约意识到家里不富裕。但我还是很自信，因为母亲完全理解我，并经常表扬我。

父母完全接纳孩子的存在，无论发生什么事都绝对地爱孩子、给予孩子肯定，这是孩子做好一切事的基础。父母不应因为某些条件，比如孩子学习好、爱运动、懂事听话而爱他们，而要无条件地、绝对地爱，肯定孩子的存在价值。

第 5 章　将孩子培养成拥有良好人际关系、擅长交流的人

对父母来说,这并不是什么特别值得称颂的事。无论孩子什么样,父母都觉得孩子很可爱,这一点很重要。父母要把这种感觉表现出来,传达给孩子。

第3章中提到的"依恋理论",它的提出者英国发展心理学家约翰·鲍尔比(John Bowlby)和美国心理学家玛丽·安斯沃思(Mary Ainsworth)认为,父母对孩子无条件的爱和对孩子的肯定,起到了"安全基地"的作用。船只随时都能出航,是因为有一个港湾永远能让它们返航,为它们补给燃料、进行修复。如果没有可以返航的港湾,船也许就只能在大海中迷失方向、耗尽燃料,变成海里的碎藻。

对孩子来说,有一个永远可以返航的港湾很重要,这样他们才敢挑战未知的大海。孩子拥有了稳固的安全基地,就没有了后顾之忧,能够勇敢地与他人交往、积极地融入社会,并怀着好奇心进行身心上的冒险。如果从非认知能力这个角度来说,就是自我肯定感提高了,心态更乐观了。

孩子会因为感觉自己的存在受到了肯定而变得自信,

好奇心是学习的发动机
自力でできる子になる好奇心を伸ばす子育て

　　做任何事都会竭尽全力、勇往直前。纵然失败，他们也能够迅速振作起来。

　　父母一定要成为孩子的港湾和安全基地。无论孩子能否做到某些事，无论孩子发生了什么事，都要肯定孩子的存在，并守护他们。"感谢你的出生""无论发生什么，我都爱你"，父母要以这样的态度来对待孩子。

> **养育技巧**　去表达爱意，肯定孩子的存在吧！

03
帮孩子认识他的个性

认识孩子的"个性"是发展孩子社会能力的基础。人们常说个性很重要。如果能让孩子从小就明白自己是怎样的人、喜欢做什么事情、擅长做什么事情，就能引导孩子向正确的方向发展。

我成长于多子女家庭，而且我自己也养育了5个孩子，真正体会到了"人人不同，人人皆善"。5个兄弟姐妹一起生活，每个人都会与其他人产生联系，这样就形成了一个小社会。

比如，我成为中日龙队的"粉丝"，就是受到了我大哥的影响。而和姐姐相处时，因为姐姐是异性，所以我与其保持了一定的距离。虽然在不同领域工作、学习，但我们互相尊重，她也给了我很大的帮助。我能去哈佛大学留学，在很大程度上得益于她的支持，因为她早已定居美国。

好奇心是学习的发动机
自力でできる子になる好奇心を伸ばす子育て

至于二哥，我和他只差一岁，很多时候都是"竞争对手"。小时候，我经常与他打架，却又因为打输了不得不听命于他。我一边想着"这算不了什么"，一边思考如何战胜他，无论是在运动方面，还是学习方面，我都要想尽办法赢他。我想我的策略性思维有所发展，和二哥的"竞争"不无关系。

和妹妹在一起时，我自然就成了哥哥。我会关心妹妹，为她做一些事情，但有时候仍然会觉得她太幼稚、太任性了。我作为年长者、她人生路上的前辈，也在不断积累经验。

有了这些兄弟姐妹，再加上父亲、母亲，我们家就像是一个小社会。

我回想起我第一次认识到自己的个性，就是在与家人的相处中。

与哥哥们相比，我不怎么擅长说话，却更喜欢写作，长跑能力也比短跑能力更强。大哥加入了足球队，二哥加

第 5 章　将孩子培养成拥有良好人际关系、擅长交流的人

入了篮球队，而我进了棒球队。我会在无意识中比较并选择一些不同的道路，这样更能磨炼个性，让自己在兄弟姐妹中脱颖而出。

具体来说就是：由于每天坚持跑步，我曾打破了学校的长跑纪录；打棒球或进行其他运动时，我会为了获胜而分析各种策略，这让我非常快乐。

我下定决心要考东京大学的时候，学习成绩很差，我却自信满满。正是因为在与兄弟姐妹的相处中我发现了自己的优势，相信自己只要充分利用这些优势，就能开拓出一条道路。

我觉得自己只要专心去学，就一定能够解决难题。这些对自己优势的认识，让我产生了自信，并变成了实现目标这一强烈意志的原动力。

我之所以如此，在很大程度上是因为父母认可了我的个性和优势，不过，个性并不是只关注自己就能轻易发现的。在建立关系、与别人比较的过程中，人们会认识到自

好奇心是学习的发动机
自力でできる子になる好奇心を伸ばす子育て

己更喜欢什么、更擅长什么，能够为周围的人提供什么样的帮助、能为社会做出什么样的贡献。这些，不正是自己的个性吗？

而且，如果我们的个性与优势得到了周围人的认可、赞扬和鼓励，这种认可、赞扬和鼓励会变成巨大的力量，让个性与优势继续发展。这种相当关键的力量，对孩子来说是由父母和教育者提供的。

请父母不要将孩子与别人相比较，也不要频繁地责怪他们的不足。认可孩子的优点和他们的努力，以及他们所热爱、擅长之事吧，让这些特质继续发展。此外，还要引导他们通过自己擅长的方式，为家人和周围的人贡献自己的一份力量。

墨尔本大学积极心理学学者莉·沃特斯（Lea Waters）在《优势教养》（*The Strength Switch*）一书中指出，发展优势的教育法，能让孩子的学校生活变得愉快，孩子会更积极地学习和参加活动，他们的学习成绩会更好，将来能更长久地从事某项工作，婚姻生活也更稳定、幸福。同

第 5 章　将孩子培养成拥有良好人际关系、擅长交流的人

样，因为养成了良好的习惯，这种教育方法不仅能使他们的身体更健康、人生更充实、自尊心更强，而且能够帮助他们减轻压力。

> **养育技巧**　从孩子与家人的相处中，认识他们的个性和优势吧！

04
将自己的社交技巧传授给孩子

影响我们对他人产生兴趣的因素有很多，其中之一便是发现了与他人之间的共同点。如果自己和某个人有相同之处，我们就会觉得彼此间的距离突然拉近了，有了亲近的契机。

或是同一个球队的粉丝，或是同样的兴趣爱好，或是来自同一个地方，人们在和第一次见面的人说话时，都会自然而然地在交流中寻找双方的共同点。通过发现自己和别人的相同之处，孩子也会对某些事产生兴趣，开拓自己的视野。

比如，棒球是我发展人际关系的重要途径。从小学低年级开始，我就和邻居家的孩子们一起，用玩具中的彩球和彩色球棒做道具，玩棒球游戏，彼此之间也建立了一种特别友好的关系。上小学五年级的时候，我在朋友的邀请

第 5 章　将孩子培养成拥有良好人际关系、擅长交流的人

下加入了棒球队,这让我有机会与其他班级的同学成为好朋友。

那时候,我没有零花钱,玩不了需要花钱的游戏,打棒球就成了我与朋友们的共同兴趣。

在因热爱棒球而聚集的团队中,有形形色色的人。有些人很叛逆,有些人很老实,有些人学习成绩好,有些人学习成绩差。令我印象深刻的是读小学时,我认识了一个从秘鲁移民来的同学。因为有语言障碍,他的学习成绩不太好,但身体素质很好,热衷于打棒球。那时候我几乎没怎么关注过外国,但因为这个朋友,我对秘鲁这个国家和南美洲产生了兴趣。

从我小时候的经历可以看出,学习知识和进行体育运动等,有益于孩子技能的提高、韧性的提升、成就感的获得,同时,它们也是一种与他人交流的途径,有助于孩子与其他人建立友谊。

值得注意的是,孩子并不是马上就能和谁都成为好朋

好奇心是学习的发动机
自力でできる子になる好奇心を伸ばす子育て

友的,他们要有一些共同兴趣,才更容易建立关系。从父母和教育者的立场来说,一旦发现孩子与他人有共同兴趣,就要帮助并鼓励他们建立关系,这很重要。

注意孩子的兴趣爱好、表现出来的好奇心和个性,带他去一个跟他有着共同兴趣的人都会去的地方。一旦有了存在共同兴趣的朋友,孩子萌生的好奇心会受到进一步激发,并进一步发展。

比如,我家大儿子喜欢小动物,得到学校老师的许可之后,他把乌龟带在身边照顾。学校里的同学都知道他喜欢小动物,他也借这个机会,和有着同样爱好的人成了好朋友。《令人惋惜的生物词典》[1]这本书在日本小学生中流行的时候,对这本书共同的喜爱也很快让孩子们结为朋友。

---

[1]《令人惋惜的生物词典》是关于动物的畅销童书,介绍了动物一些令人意外、惋惜的特点,如"浣熊不洗食物""海豚可能会在睡觉时溺水而死"等。——译者注

第 5 章　将孩子培养成拥有良好人际关系、擅长交流的人

通过发现与他人的共同兴趣，对他人的感受产生共鸣，掌握建立良好人际关系的能力，就是非认知能力中的重要部分——社交能力。在哈佛大学任教的心理学博士丹尼尔·戈尔曼（Daniel Goleman），在其畅销书《情商》（Emotional Intelligence）中也强调了这种能力的重要性。

重视与他人的共同兴趣、结交朋友、加入人际网络中，这在将来会成为一种重要的力量，能让孩子更自如地生活在聚集着形形色色的人的社会中。

> **养育技巧**　带孩子去跟他有着共同兴趣的人都会去的地方。

05

带孩子发现他的优势

在上一节中,我们阐述了要重视与他人的共同兴趣,而本节的讨论与之相反:通过找出孩子们各自的不同,让他们认同自己和他人的个性、优势。这一点也同样很重要。如果孩子可以清楚了解自己和对方的优势,就能一起合作完成某些事,孩子的协作力也能够得到提升。

比如,即便同样热爱打棒球,每个人也有着不同的位置和特点。你是投手还是击球手?防守是中外野手还是二垒手,抑或是捕手?从击球顺序看,你是能打长距离的四号击球手,还是擅长触击和小技巧的二号击球手?

在打棒球的时候,比起以力量决定胜负,我更享受开动脑筋、运用技巧的乐趣。我经常会思考一些战术,比如,用进垒触击球来提高得分率,在防守的时候把防守位置放在前面,阻止对方触击进垒。这样一来,大家也相信

第 5 章　将孩子培养成拥有良好人际关系、擅长交流的人

打击率更高的队友会得分，因此能充分发挥各自的优势，实现团队合作。

所以即便在相同的爱好中，也能发现不同，还能突出自我风格和优势，学会团队合作，为团队做贡献。

即便是孩子一个人学习，父母也可以问问孩子"你喜欢什么地方？""你擅长什么？""你什么时候最开心？""你想处于哪个水平？""你喜欢哪个选手／艺术家？"，或者好好观察孩子的行事方式。另外，不仅要关心孩子自己的事，也要关心他朋友的优点、所在团队的特点等，促使他发现朋友、队友的个性和优势。

事实上，哈佛大学这类学校在入学审查时相当重视社团活动、体育活动、艺术活动和志愿服务的经验，并会对之进行评估。不仅仅是评估所参加的活动以及相关成绩，更重要的是，通过这些活动，自己意识到了什么问题、采取了何种对策、学到了什么、获得了哪方面的成长，以及未来如何受其所益。即便在相同的活动中，也要说明自己是如何利用自身的优势为团队做出贡献的。因此，孩子即

好奇心是学习的发动机
自力でできる子になる好奇心を伸ばす子育て

使是在课堂上，或是在班级讨论、小组工作中，也要尝试发挥自身的优势。

为了让孩子随时都能意识到社会中的自我、组织中的个体、相同中的不同，父母要认真地观察他们，并与他们交谈。

即使让孩子学习体育、艺术等，也不是简单地学会某项技能就行了，更重要的是要让他们发现自己的个性、特点，并将其发挥出来。父母试着去发现孩子身上的那些细微的不同之处，并明确地认可，进行口头表扬，这样就能进一步发展这些不同之处，进而鼓励他们认可同伴的优势，提高协作力。

> **养育技巧**　父母要认可孩子与他人的不同之处，并养成表扬的习惯，以此发展孩子的这种不同。

06

通过玩模仿游戏提高孩子的交流能力

我的 3 个女儿总是玩模仿游戏。她们会分别扮演妈妈、姐姐、妹妹等角色,把玩具当作婴儿,哄"他"睡觉、带"他"去商店或是其他地方,而且经常沉浸其中。我经常感叹,她们竟真的能一直演下去啊!

瑞士心理学家让·皮亚杰将儿童游戏的发展分为以下 3 个阶段:

1. **练习性游戏:** 以感官刺激、身体运动为目的的游戏;
2. **象征性游戏:** 伴随模仿、扮演、想象等行为的游戏;
3. **规则性游戏:** 有规则的比赛类游戏。

其中,练习性游戏与前文的体育活动相关,规则性游

好奇心是学习的发动机
自力でできる子になる好奇心を伸ばす子育て

戏与前文的数学知识有关，而模仿游戏属于象征性游戏，能促进孩子的语言、认知、社会性的能力，以及情感的发展。

迄今为止，有多项研究表明，模仿游戏有助于孩子词汇量的增加，也与语言运用能力和沟通能力的提高有关。此外也有研究表明，模仿游戏还可以提高社交能力，以及提高理解他人心理的能力。

模仿游戏通过判断游戏角色、自我表现、发挥并拓展想象力、与他人分饰角色、增加语言输出、理解别人的语言和角色、与他人沟通交流、使用肢体语言等多个方面，促进孩子自身的成长与发展。

那么，孩子玩模仿游戏时，父母该怎么做？坦率地说，要成年人和孩子保持同样的步调，长时间沉浸在游戏中，并不容易办到。成年人很快就会厌烦假想的世界，我就是这样。但在玩模仿游戏时，我会有意识地表现得比孩子们更投入。

第 5 章　将孩子培养成拥有良好人际关系、擅长交流的人

比如，如果孩子端上玩过家家游戏时做的菜，对我说"做好了，请吃吧"，我就会问"你做的是什么？""这是汉堡包吗？"等问题，并假装像动漫《面包超人》中的细菌小子那样，夸张地吃下食物，然后睁大眼睛说"超级好吃"。这样，孩子就会露出满足的表情。

如果孩子假扮医生，大多数时候由我来当病人。若是有听诊器，我会躺下，让孩子听我心脏的跳动声。有时我会说"我发烧了，头很疼"，然后装出一副痛苦的表情，让孩子用体温计测量我的体温。于是，孩子就会为我盖被子、开药、打针，不久之后就说"治好了"，我就马上展现出活力满满的样子。这样，孩子对整个过程都很满意。现在，我的女儿开始和朋友们一起，用娃娃玩假扮医生的游戏。

我家有十多个娃娃，甚至娃娃也是家庭的一部分。当然，有时候，孩子们玩模仿游戏时并不满足于只有娃娃参与，我们父母也会频繁地被要求做某些事。我们会适当地抽出时间陪她们玩一下，假扮病人，其实这也是一种休息。

好奇心是学习的发动机
自力でできる子になる好奇心を伸ばす子育て

父母像孩子一样沉浸在游戏的世界里,通过一些夸张的表演,以及成年人的表达方式刺激孩子,使其成长。这样,在没有父母参与的情况下,孩子自己玩模仿游戏时,也能专心致志。

父母一定要创造环境,给孩子一些能激发他们想象的小道具,比如毛绒玩具等玩偶。同时也要给予孩子张弛有度的刺激,使他们沉浸于模仿游戏中。这是一种快乐的训练,能培养孩子的表达能力和社会性的能力。

> **养育技巧** 给予孩子张弛有度的刺激,使他们沉浸于模仿游戏中。

07

教孩子对身边的人说"谢谢"

我们在社会中生活,表达对他人的感谢非常重要。比如在职场中,当被上司、下属,或是其他的同事真心致谢时,我们会觉得自己真的帮上了忙。

这也适用于亲密的家人和朋友之间。在生活中,若是对细微琐碎之事都保持着感恩之心,我们就能过得比较幸福,因为积极的情绪会产生积极的影响。

美国加州大学戴维斯分校的心理学者罗伯特·埃蒙斯(Robert Emmons)进行了一项研究,让 8～80 岁的 1 000 名被试记录"感恩日记"。研究结果显示,在身体方面,这些日记能够使被试改善睡眠、降低血压,而在心理上,也能为被试带来积极的情绪和幸福感。此外,感恩日记还有社会性的效用,能够使人更从容、更外向,减轻孤独感。

好奇心是学习的发动机
自力でできる子になる好奇心を伸ばす子育て

要让孩子学会感恩，重要的是父母自己要经常表达感激之情，并以身作则，经常对孩子说"谢谢"。

比如父母可以告诉孩子，吃饭的时候要认真地说"我开动了""多谢款待"等，要对做饭的人表示感谢，说"妈妈做的饭真好吃""非常感谢"，还可以说"我们一起感谢种菜的农民伯伯吧""我们一起感谢这些鱼吧"之类的话。

此外，若是孩子提出想帮忙，就尽可能让他们来帮忙。在我家，孩子们经常帮忙端菜，比如把米饭、味噌汤端到餐桌上。如果孩子帮忙了，就一定要笑着说"谢谢，多亏了你"。

对孩子来说，帮助别人并得到感谢，会让他们真真切切地感到开心，而且他们也会觉得自己有能力帮助别人，从而变得更自信。

还有一点值得一提，孩子们经常为我按摩。在第 3 章中，我介绍过"攀登父山"这种能起到按摩作用的有趣的

第 5 章　将孩子培养成拥有良好人际关系、擅长交流的人

亲子体操。孩子帮父母拍肩、揉肩时，父母要说"啊，好舒服"或是"你真厉害"。结束后，父母要记得向他们表达谢意，说"谢谢你，我真的舒服多了"。

如果拍肩、揉肩对孩子来说有些难度，那父母可以趴下，让他们在你的腰或背上踩一踩、走一走。对孩子来说，这没有那么难，因为他们只是把父母的身体当作了平衡木，在上面行走而已。我家的孩子就很乐意做这件事。

结束之后，父母仍旧要说："谢谢你，好舒服！"我像这样表达谢意，是继承了我父母的传统，因为我深深地记得，我小时候父母也这样做过。其实，站在孩子的立场上来看，能够为父母做一些事情，他们也会很有成就感。

除此之外，在前文中我还提过一种很不错的方法，那就是用写信来表达感恩。父母给孩子写信，孩子会写字后也会给父母写信。孩子的信大多是"爸爸妈妈，我由衷地感谢你们，我非常爱你们"之类的内容。即便是如此简单的一句，也会让收到信的父母欣喜，孩子也会很满足。这个时候父母要尽情地表达自己的喜悦，让孩子充满成就感。

好奇心是学习的发动机
自力でできる子になる好奇心を伸ばす子育て

　　家人之间互相说"谢谢",能让孩子学会感恩,养成表达谢意的习惯,这有助于他们拥有融洽的朋友关系、未来和谐的职场关系,也有助于他们在未来步入婚姻、组成家庭。

　　良好的人际关系和积极思考的能力,也是让孩子积极、努力面对未来的基础。为了孩子未来的幸福生活,让我们互相表达谢意吧。

> **养育技巧** 不要忘记说"谢谢"这个简单却重要的词。

08

与孩子一起看感人的电影

日本流行"三个无":"无气力、无关心、无感动"[①],形容人们内心空虚、对任何事都不关心,且从不感动的状态,也被称为冷漠综合征(apathy syndrome),它泛指年轻人的状态。"无气力、无关心、无感动"是与人们怀着强烈好奇心完全相反的状态。因为对任何事情都不关心,都没有兴趣,所以不会想着去学新东西获得成长,也不想与别人交往,最终就丧失了社会性能力的发展。这些人与那些自主学习者的情况恰好相反。

实际上,这种状态并不罕见。曾经热爱学习的人会变得没有干劲了,而以前很认真甚至是完美主义的人,突然

---

① "无气力、无关心、无责任"被称为"三无主义",后来又加入了"无感动、无作为"被称为"五无主义",指一种消极的生活态度,于20世纪70年代在日本青年中流行。——译者注

好奇心是学习的发动机
自力でできる子になる好奇心を伸ばす子育て

变得畏缩不前，甚至变成逃避学习的人。

这是因为对人来说，心是一切的原动力，一旦关上心门了，就会对外部世界和他人视而不见。所以，关键在于，从小就要频繁地让心灵受到触动，让丰富的情感得到滋养。从某种意义上说，就需要培养孩子的情感能力。而受到感动并流泪的体验，是心灵被打动的最有代表性的例子之一。

听起来，让孩子变得情感丰富似乎很难。但有一个简单易行的方法，那就是父母和孩子一起去看感人的电影。

许多儿童电影，如"面包超人"系列、"哆啦Ａ梦"系列、"迪士尼"系列等，如果父母花时间并投入感情观看的话，也会被打动。我有好几次在看电影的时候情不自禁地流泪。在那种情况下，我诚实地与孩子分享了自己的感受："爸爸深受感动。"当然父母也可以用能引起共鸣的方式与孩子对话，比如"爸爸哭了""××也哭了吗"。

父母毫不避讳地展示、分享自己感动的样子，和孩子

第 5 章　将孩子培养成拥有良好人际关系、擅长交流的人

一起反复回顾并细细体味电影里的场景，会让孩子觉得被某些事物感动是一件美妙的事情。而当孩子因感动而流泪时，心里就能体会到温暖，这将成为他未来力量的源泉。

顺便提一下，若是去看"面包超人"系列电影的话，尤其要看那部《生命之星朵莉》，其主旨正如《面包超人进行曲》的那句歌词"为了什么而生，以什么而过活"。而"哆啦Ａ梦"系列电影中，我认为《新·大雄与铁人兵团》最值得推荐。我小时候看过这部电影，还为此痛哭流涕。所以，重新制作的新版上映时，我和孩子一起去看了，我们都被感动哭了。

不仅是儿童电影，成年人看的电影，只要没有暴力、色情等场面，也可以和孩子一起看。除了被感动，不由自主地大笑，因扣人心弦的场景而兴奋、心跳加速，也都是内心受到触动的体验。

通过互联网，我们可以很轻松地观看电影。不过，父母和孩子一起去电影院看电影会更棒，因为电影院的大屏幕和特别的空间，能创造出内心更容易被触动的环境。

好奇心是学习的发动机
自力でできる子になる好奇心を伸ばす子育て

　　让孩子积累内心受到触动的体验，以此来培养他们的情感能力，让他们成为充满干劲、有兴趣爱好，并有丰富情感的人。

> **养育技巧** 和孩子一起看电影，体验内心被触动的感觉，以此培养孩子的情感能力吧！

第 5 章　将孩子培养成拥有良好人际关系、擅长交流的人

和孩子一起玩
找一找家人的优点吧！

家人	优点（得意之处、擅长之处等）

后 记

请将本书内容付诸实践

时代在迅速变化,将来可能会发生许多现在根本无法想象的事情。中小学和大学的制度,可能会与现在的大不相同。今天的孩子在成年后将经历比现在更快的社会变化。要在这样一个时代生存下去,孩子们究竟应该准备些什么,学些什么?作为父母,我们的养育活动又该如何开展?

父母多半都会为孩子不确定的未来而焦虑,给他们安排各种学习、辅导,而且根本不在乎要花多少钱。父母可能

好奇心是学习的发动机
自力でできる子になる好奇心を伸ばす子育て

会先去探一探孩子未来要走的路,确保其安全,也可能会四处寻找有没有能自动把孩子送往高处的"电梯"。可遗憾的是,我们不可能精准地预测未来。无论提前做了多少准备,都可能会事与愿违。

但是无论社会怎么变化,未来又是何种光景,有一件事是可以肯定的,那就是能够不断自主学习的人,即便中途遇到各种困难、失败和波折,最终也一定能有所成就。这种拥有内在学习动力的人,才能在适应变化的同时持续成长,最终实现自己的理想。只有拥有永不满足的好奇心,才能葆有自主学习的不竭动力。

好奇心和学习的动力并不仅仅来自遗传,还可以有意识地培养。而且,当下这个时代充满变化,父母和教育者更要重视孩子好奇心和学习动力的激发。

在本书中,我较为详细地分析了作为学习动力的好奇心,并介绍了培养好奇心的具体方法。书中的内容是我根据自己的童年经历、抚养 5 个孩子的真实生活经验、教育学和心理学的最新研究成果组织整理而成的。

后　记　请将本书内容付诸实践

　　每天在工作中与孩子打交道的同时，我自己作为一个父亲，也在为孩子们的学习、成长而操心。有时候，事情并不像我希望的那样发展，如果进展不顺利，我确实会感到生气。可是，当看到孩子们的纯真之态、无忧无虑的笑容，以及充满好奇心地学习新事物并不断成长的模样时，我强烈地意识到，一定要为他们光明的未来做一些准备。

　　正在抚育孩子的成年人应尽可能地培养孩子的好奇心，使其具有自主学习的动力。我希望有尽可能多的成年人能够意识到这一点，并最大限度地帮助孩子激发潜力。如果本书能对读者有所帮助，我将深感荣幸。

　　读者朋友们，请在实际的育儿过程中，将本书介绍的内容付诸实践。

未来，属于终身学习者

我们正在亲历前所未有的变革——互联网改变了信息传递的方式，指数级技术快速发展并颠覆商业世界，人工智能正在侵占越来越多的人类领地。

面对这些变化，我们需要问自己：未来需要什么样的人才？

答案是，成为终身学习者。终身学习意味着永不停歇地追求全面的知识结构、强大的逻辑思考能力和敏锐的感知力。这是一种能够在不断变化中随时重建、更新认知体系的能力。阅读，无疑是帮助我们提高这种能力的最佳途径。

在充满不确定性的时代，答案并不总是简单地出现在书本之中。"读万卷书"不仅要亲自阅读、广泛阅读，也需要我们深入探索好书的内部世界，让知识不再局限于书本之中。

湛庐阅读 App: 与最聪明的人共同进化

我们现在推出全新的湛庐阅读App，它将成为您在书本之外，践行终身学习的场所。

- 不用考虑"读什么"。这里汇集了湛庐所有纸质书、电子书、有声书和各种阅读服务。
- 可以学习"怎么读"。我们提供包括课程、精读班和讲书在内的全方位阅读解决方案。
- 谁来领读？您能最先了解到作者、译者、专家等大咖的前沿洞见，他们是高质量思想的源泉。
- 与谁共读？您将加入优秀的读者和终身学习者的行列，他们对阅读和学习具有持久的热情和源源不断的动力。

在湛庐阅读 App 首页，编辑为您精选了经典书目和优质音视频内容，每天早、中、晚更新，满足您不间断的阅读需求。

【特别专题】【主题书单】【人物特写】等原创专栏，提供专业、深度的解读和选书参考，回应社会议题，是您了解湛庐近千位重要作者思想的独家渠道。

在每本图书的详情页，您将通过深度导读栏目【专家视点】【深度访谈】和【书评】读懂、读透一本好书。

通过这个不设限的学习平台，您在任何时间、任何地点都能获得有价值的思想，并通过阅读实现终身学习。我们邀您共建一个与最聪明的人共同进化的社区，使其成为先进思想交汇的聚集地，这正是我们的使命和价值所在。

CHEERS

湛庐阅读 App
使用指南

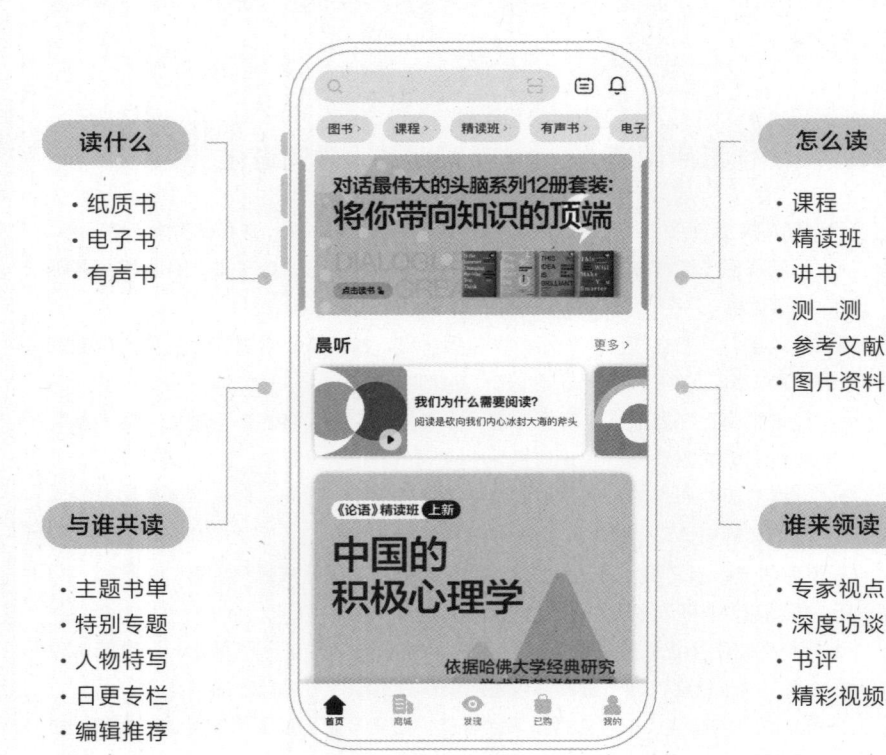

读什么
- 纸质书
- 电子书
- 有声书

怎么读
- 课程
- 精读班
- 讲书
- 测一测
- 参考文献
- 图片资料

与谁共读
- 主题书单
- 特别专题
- 人物特写
- 日更专栏
- 编辑推荐

谁来领读
- 专家视点
- 深度访谈
- 书评
- 精彩视频

HERE COMES EVERYBODY

下载湛庐阅读 App
一站获取阅读服务

\<JIRIKI DE DEKIRU KO NI NARU KOUKISHIN WO NOBASU KOSODATE\>

Copyright © KATSUHIRO MOTOYAMA 2020

First published in Japan in 2020 by DAIWA SHOBO Co., Ltd.

Simplified Chinese translation rights arranged with DAIWA SHOBO Co., Ltd., through East West Culture & Media Co., Ltd., Tokyo Japan.

Simplified Chinese edition copyright © 2024 by BEIJING CHEERS BOOKS LTD., China.

本书中文简体字版经授权在中华人民共和国境内独家出版发行。未经出版者书面许可，不得以任何方式抄袭、复制或节录本书中的任何部分。

版权所有，侵权必究。

图书在版编目（CIP）数据

好奇心是学习的发动机 /（日）本山胜宽著；苟婉莹译. -- 杭州：浙江教育出版社，2024.3
ISBN 978-7-5722-7432-9

Ⅰ.①好… Ⅱ.①本… ②苟… Ⅲ.①学习兴趣—家庭教育 Ⅳ.①G78②G442

中国国家版本馆CIP数据核字(2024)第021774号

浙江省版权局
著作权合同登记号
图字：11-2023-476号

上架指导：家庭教育

版权所有，侵权必究
本书法律顾问　北京市盈科律师事务所　崔爽律师

好奇心是学习的发动机
HAOQIXIN SHI XUEXI DE FADONGJI
[日] 本山胜宽　著
苟婉莹　译

责任编辑： 李　剑
助理编辑： 苏心怡
美术编辑： 韩　波
责任校对： 傅美贤
责任印务： 陈　沁
封面设计： 湛庐文化
出版发行： 浙江教育出版社（杭州市天目山路40号）
印　　刷： 唐山富达印务有限公司
开　　本： 880mm×1230mm 1/32
印　　张： 6.25　　　　　　　　　　**字　　数：** 99千字
版　　次： 2024年3月第1版　　　　**印　　次：** 2024年3月第1次印刷
书　　号： ISBN 978-7-5722-7432-9　**定　　价：** 69.90元

如发现印装质量问题，影响阅读，请致电 010-56676359 联系调换。